책세상문고 · 우리시대

망명 음악, 나치 음악

20세기 서구 음악의 어두운 역사

책세상문고 · 우리시대

망명 음악, 나치 음악

20세기 서구 음악의 어두운 역사

이경분

책세상

망명 음악, 나치 음악—20세기 서구 음악의 어두운 역사 ┃ 차례

서양 음악이 이 땅에 소개되고 뿌리를 내린 지 100여 년이 넘었다. 서양 음악은 이 땅에서 자생하던 전통 음악을 몰아내고 주인 역할을 할 정도로 위력을 떨치고 있지만, 우리는 이에 대해 아는 것이 그리 많지 않다. 얼마 전까지도 우리가 몸담고 있었던 20세기의 음악에 대해서는 더욱 그렇다. 특히 히틀러가 지배했던 시기에 대해서는 영화 〈코미디언 하모니스트〉, 〈피아니스트〉, 〈쉰들러 리스트〉, 〈인생은 아름다워〉 등을 통해 상식 수준의 지식을 가지고 있을 뿐이다. 서양 음악이 주는 환상에 푹 빠져 히틀러라는 충격에 의해 서양 음악 문화가 어떤 변화를 겪었는지, 베토벤의 음악이 유대인 학살과 어떤 관계에 있었는지 등의 문제에 대해서는 아예 관심조차 가지지 않고 있다. 대체로 음악은 감성과 미의 예술로 정치·사회와는 거리가 먼 것으로 인식되고 있기 때문이다.

독일 유학 시절의 일이다. 나는 10여 년간 한 카페에서 아르바이트로 피아노를 쳤었는데, 이것이 알려지면서 이곳저

곳에서 연주 제안을 받곤 했다. 한번은 우파 대학생 단체(부르센샤프트Burschenschaft)에서 그들의 모임 후 파티에서 연주해줄 수 있는지 문의해왔다. 이들은 일반적으로 독일인들이 알레르기 반응을 일으키는 '민족주의'라는 단어에 부담을 갖지 않고 오히려 이를 자랑스럽게 여기는, 독일 전통을 수호한다는 우파 성향의 지식인 단체였다. 외국인인 나에게는 평소 접근하기 힘든 조금 겁나는 존재였다. 카페 주인도 가기 싫으면 거절하면 된다고 했지만, 히틀러 시기의 음악을 연구하는 사람으로서 살아 있는 공부가 되리라는 기대도 없지 않았으므로 제안을 받아들였다[어쩌면 그들은 외국인인 나에게 피아노를 치게 함으로써 자신들이 반(反)외국인 단체가 아님을 은연중에 과시하고자 했는지도 모른다].

고풍스럽고 웅장한 저택의 천장 높은 연회실에 들어서자, 많은 남자들이 똑같은 제복을 입고 한자리에 모여 있는 모습이 보였다. 독일에서 이런 모습을 처음 본 나로서는 우선 움찔했다. 이들은 예식의 중간중간에 목청 높여 노래도 불렀다. 독일 국가(國歌)처럼 애국적 자부심이 넘쳐흐르는 곡이었는데 19세기에 유행했던 독일 '학생노래들Studentenlieder'인 듯했다. 이때 누군가가 히틀러처럼 앞에 나서서 이들을 선동하면 금방 '와' 하고 일어나 무슨 일이라도 저지를 듯한 분위기였다. 물론 이것은 나의 지나친 상상일지도 모른다. 그러나 책을 통해서만 공부해왔던 내게는 나치 시기 젊은이들의 열광과 환호를 직접 목격하는 듯했다.

게다가 이 단체가 분명 나치와는 다르지만 옛 나치들이 직접 혹은 간접으로 관여할 수도 있으리라는 추측이 들면서 섬뜩해졌다. 독일의 나치 역사는 과거가 아니라 현재에도 여전히 알게 모르게 숨 쉬며 살아 있다는 생각이 저절로 들었다. 그날 나의 뇌가 이런저런 상상으로 얼마나 활발하게 움직였는지, 피아노를 치는 내 손이 낯설 지경이었다. 나의 엄청난 상상력은 이 나치의 역사가 독일에 국한된 것이 아니라 진보와 계몽을 믿었던 서양 역사의 한 부분이라는 생각에까지 이르렀으며, 바로 이는 서양을 모방하기에 급급한 우리도 심각하게 관심을 가져야 할 문제라 여겨졌다.

타 민족을 학살하는 범죄집단으로 낙인찍힌 나치들이 원래는 독일 민족의 번영을 위해 애국심에 불타오르는 (그들의 입장에서는) 열렬한 애국자들이었던 것이다. 이들이 애국적 가사의 노래를 부르며 하나로 똘똘 뭉치게 되고, 감정에 북받쳐 눈물까지 글썽이는 모습은 2002년 월드컵에서 '오 필승 코리아'를 소리 높여 부르며 모두 하나가 된 듯 응원하던 우리의 모습과 (감정적인 경험의 측면에서 볼 때) 어쩌면 크게 다르지 않을지도 모른다.

현재의 자본주의 사회에서 '진정한 민족 공동체'가 불가능함에도 이를 꿈꾸는 우리 속에 소수자나 외국인 노동자들에 대한 편견이 은연중에 자리 잡고 있지 않은가. 경제적으로 힘들어질수록, 이러한 편견과 애국심이 어떤 모습으로 표출될지 아무도 모르는 일이다.

동료들과 애국적 노래를 부르며 독일 민족의 우월감에 들떠 나치들은 일말의 거리낌도 없이 유대인들을 가스실에 넣어 죽였다. 그리고 하루 일과가 끝나면 집에 돌아와 바그Richard Wagner와 브루크Anton Bruckner의 음악에 감동하기도 하고, 베토벤의 음악에서 위로를 받기도 했을 것이다. 또는 독일 민족의 음악적 위대함을 재확인하고 흡족해 했을지도 모른다. 베토벤, 바그너를 비롯한 독일 음악은 다른 예술 분야와 달리 나치들에게 자부심을 주는 위대한 독일 민족의 상징이었다. 따라서 나치 시기를 거치면서 가장 많은 변화를 겪게 되는 예술 중 하나가 바로 음악 분야일 것이다.

그렇다면 과연 나치들이 집권하면서 음악과 음악가들에게는 어떤 일들이 일어났는가?

가장 먼저 나타난 현상을 단순화시켜 말하자면, 마치 민들레 씨앗이 '후' 하고 불면 천지사방으로 흩어지듯 나치가 집권하면서 수많은 독일 내 유대인 음악가들이 전 세계로 흩어진 것이다. 멀리 일본과 남미에까지 씨앗이 뿌려졌지만, 가장 많은 씨앗이 뿌려져 결실을 본 곳은 단연코 미국이었다. 한편 이웃 나라로 망명한 후 유럽을 떠돌다가 나치의 집단수용소에서 희생된 음악가들도 많았다. 그러나 이 두 부류 못지않게 많은 수의 음악가들이 독일에 머물렀고, 나치가 유럽에서 승승장구할 때 덩달아 이득을 보았다.

망명 음악, 집단수용소의 음악, 나치 치하의 음악이라는 이 세 개의 퍼즐은 1933년부터 1945년까지 서양 음악 문화의 어두운 그림을 끼워 맞추는 데 없어서는 안 될 요소다. 이 책 제1장에서 제3장까지는 바로 이 세 개의 퍼즐을 나열한다. 순서에 상관없이 퍼즐 조각을 맞추듯 전체 그림을 생각하며 읽으면 도움이 될 것이다.

이 세 장이 함께 모이는 곳이 마지막 제4장이다. 전쟁이 끝난 후 떠난 자와 희생된 자들은 어떤 대접을 받았으며, 머문 자들의 '과거 청산'은 어떻게 되었는지 전후 독일 음악 문화를 조명해본다. 맺는 말에서는 이에 비추어 우리 음악 문화의 과거 청산 문제를 비판적으로 성찰해볼 것이다.

이 책의 외적인 목표는 피로 얼룩진 서양 음악 문화의 어두운 측면을 서술하는 것이지만, 내적 목표는 음악과 정치 사회의 관계를 보여주는 것이다. 물론 음악과 사회의 관계에 대해 어떤 법칙을 만들거나 증명하는 것이 목적은 아니다. 특정한 시기, 특정한 사회에서 일어난 음악 현상을 일반화시키기에는 무리가 따르기 때문이다. 대신 나치 시기 음악 현상을 사회적·정치적 맥락에서 살펴봄으로써 '음악은 음악이다'라는 너무나도 단순명료한 명제가 실제로는 지배권력의 의도를, 또 사회 구조와 연결되어 있는 끈들을 잘 숨겨주는 푸근한 은신처가 되고 있음을 보여주고자 한다.

그러나 이 책의 궁극적 목적은 지금껏 국내 음악학계에서 전혀 연구되지 않은 독일 망명 음악과 나치 시기의 음악을 소개함으로써 이제 더 이상 미룰 수 없는 과거 청산이라는 우리 사회의 오래 묵은 숙제를 풀어가는 데 조금이나마 보탬이 되고자 하는 것이다.

끝으로 학연이나 지연에 얽매이지 않고 좋은 제안에 귀 기울일 줄 아는 책세상 편집진의 열린 자세에 박수를 보내며, 쉽지 않은 내용이 담긴 이 책을 선택한 독자들에게 감사드린다.

제 1 장

망명 음악가들

떠난 자들의 삶과 음악

'망명'이라는 말에는 타의적이고 강제적인 의미가 들어 있다. 엄밀하게 말하면 자유 의지로 자신의 국가를 떠나는 것을 망명이라고 하지는 않는다. 또한 이 강제성에는 경제적인 측면보다 정치성이 더 큰 비중을 차지한다. 그러나 윤이상[1]처럼 자유 의지로 유학을 떠났다가 정치적 사건에 휘말려 귀국하고 싶어도 돌아올 수 없는 경우나, 벨라 바르톡Béla Bartók처럼 나치와 타협하기 싫다는 이유로 자진해서 고향을 떠난 경우도 망명이라 불러야 할 것이다. 망명에 대한 완벽한 개념과 정의는 없겠지만 최소한 망명 음악가에 관한 한 개념 때문에 희생당하는 음악가는 없어야 하기에 여기서는 망명을 폭넓은 의미에서 사용하고자 한다. 즉 히틀러의 집권 무렵부터 종전 시기 전후를 걸쳐 나치로 인한 불이익을 피하기 위해 다른 나라로 떠난 경우를 모두 통틀어 망명으로 보고자 한다.

1. 독일 망명의 역사와 히틀러 파시즘의 돌연변이

역사상 한 도시 또는 한 나라가 진보적이고 자유로운 분위기 때문에 다른 나라의 문화적 엘리트들을 끌어들여 이득을 본 경우가 적지 않다. 프랑스의 파리와 스위스의 취리히가 대표적인 예다. 프랑스 혁명 이후 파리는 귀족과 보수반동주의자를 밖으로 내몰고, 대신 다른 나라의 진취적인 망명인들을 많이 받아들였다. 1840년대 프로이센의 엄격한 검열과 숨 막히는 보수 정치 때문에 카를 마르크스Karl Marx, 하인리히 하이네Heinrich Heine, 루트비히 뵈르네Ludwig Börne, 게오르크 뷔히 Georg Büchner 같은 자유로운 정신의 소유자들이 프랑스로 건 와 자유로운 공기를 마시며 역사에 남을 중요한 작품들을 썼다(당시 프랑스에는 5만~8만 명 정도의 독일 망명자가 있었다고 한다).

반대로 보수적이고 경직된 사회 풍토와 정치적 핍박으로 자국의 엘리트들을 자주 나라 밖으로 내쫓은 나라 중 하나가 독일이다. 19세기뿐 아니라 제제1차 세계대전 중에도 슈테판 츠바이크Stefan Zweig, 발터 벤야민Walter Benjamin, 에른스트 블로흐Ernst Bloch, 레네 시켈레René Schickele와 같은 평화주의 지식인들은 정부의 핍박을 피해 스위스로 도피했다. 1920년대 바이마르 공화국 시절, 한때 자유분방한 대도시로 급부상한 베를린이 독일 주변국의 엘리트 예술인들을 끌어모았던 것도 잠시,[2] 히틀러가 집권한 1933년 이후 독일 사회 전반의 거의 모든 층의 엘리트들이 다시 독일을 떠나야 했다. 이웃 나라 프랑스 파리와 체코 프라하, 스위스 취리히는 자유를 찾아 나선 독일 망명인들에게 중요한 피난처가 되었다.[3]

이처럼 독일의 지식인, 정치인, 예술인이 외국으로 망명한 경우는 독일 역사에서 그리 낯설지 않다. 그럼에도 히틀러가 독일 수상이 되어 권력을 장악한 이후 이루어진 망명은 역사상 유례없는 대규모의 도피라는 점에서 보기 드문 현상이다. 특히 1933년부터 1945년까지의 독일 망명자의 대다수가 유대인이라는 점에서도 이전의 망명과 뚜렷이 구별된다. 게다가 600만 명이라는 유대인 희생자 수뿐만 아니라 무엇보다도 한 민족의 말살에 있어 국가 차원에서 조직화·기계화가 이루어졌다는 점은 역사상 그 전례를 찾아보기 힘들다.

그런데 히틀러 파시즘으로 인한 1933년 이후의 망명을 독일 역사의 연장선상에서 볼 것이냐, 아니면 독일 역사의 돌연변이로 볼 것이냐 하는 문제는 논란의 여지가 많다. 이 논란은 근본적으로 독일 파시즘에 대한 학자들 간의 견해 차이에서 발생된 문제이기도 하다. 좌파 학자들은 나치 현상을 점진적으로 진행되어온 타락한 자본주의의 결과로 보는 반면, 중도 및 우파 학자들은 자본주의와는 상관없이 독일 역사와 독일 사회의 특수성에 기인한 독일만의 예외적인 현상으로 보려는 경향이 강하다. 1930년대 망명인들은 파리나 프라하의 카페에서 이 문제로 밤새 열을 올리며 토론하기도 했고, 1980년대까지도 학자들 간에 서로 의견 대립이 팽팽했으나, 1990년 독일 통합 이후 현재 독일 학계에서는 좌파 학자들의 의견은 더 이상 설득력이 없는 것으로 취급되고 있다. 독일 통합은 사회주의에 대한 자본주의의 승리로 여겨졌기 때문이다. 좌파 학자들의 의견이 배제된 상태에서 이제 역사학자들의 관심은 나치 현상을 경험한 독일 사회와 역사의 특수성을 규명하고 설명하는 데 집중하고 있다 해도 과언이 아니다. 이러한 독일 역사학계의 상황은 학문이 정치적 이데올로기와 얼마나 밀접한 관계를 가지는지 잘 보여준다.

2. 예술가들을 밖으로 내모는 '독일 사회 1933년'

1933년 히틀러가 집권하자 그해에만 3만 7,000여 명의 유대인들이 독일을 떠났다. (기록에 남은 자료만을 근거로 할 때) 그중 음악가들은 4,000여 명이었다.[4] 비정치적인 집단으로 유명한 음악가들이 자의 반 타의 반으로 살길을 찾아 외국으로 떠난 것이다. 오랜 생활 터전과 아끼며 모았던 재산도 버리고 갈 수밖에 없었다. 휴가 여행을 떠나듯 온 가족이 함께 가는 것이 아니라 남편이 먼저 손가방 하나만 들고 아무도 모르게 떠나고, 뒤이어 아이들과 부인이 마치 스파이 접선하듯이 나중에 다른 기차를 타고 가 외국에서 만나는 경우가 허다했다. 이웃에게도 행선지를 거짓으로 숨긴 것은 물론이었다.

아무도 반기지 않는 외국에서 기다리고 있는 것은 궁핍한 생활과 불확실한 미래임에도 이들이 떠날 수밖에 없었던 이유는 무엇인가? 어제까지도 친하게 지내던 유대인 이웃이 가게를 빼앗기고 집을 압수당한 채 갑자기 짐을 싸 떠날 때, 옆집의 아리아인은 무엇을 했는가? 같이 학교에 다니던 아이들 중 하나가 유대인이라는 이유로 학교에서 쫓겨났을 때 같은 반 친구들은 어떻게 반응했는가? 길거리에서 한 사람이 여러 명의 나치 청년들에게 몰매를 맞는 일도 많았다. 왜 대다수 독일 시민(아리아인)은 침묵했는가? 1933년 1월 30일 이후 독일에서는 도대체 무슨 일들이 벌어졌는가?

이런 의문들을 해소하기 위해서는 이 당시 독일의 역사적·사회적·정치적 상황을 자세히 다뤄야 하겠지만 지면상 여기서는 예술가들을 밖으로 내모는 1933년 독일 사회의 심상치 않은 분위기만 포괄적으로 서술하고자 한다.

(1) 히틀러의 정치적 승리

1933년 1월 30일 국회에서 과반수 의석을 차지하지 못했던 나치당은 불과 몇 달 사이에 의회 체제를 완전히 무력화시키고 독일 제국의 제1당이자 유일한 당이 되었다. 히틀러는 나치당뿐 아니라 돌격대(SA) 및 친위대(SS) 등의 특수 무력 조직들을 통해 자신의 정적을 모두 제거하는 데 거침이 없었다. 공산당은 물론이고 처음에는 동맹자로서 협력 관계에 있었던 국수주의 보수파에 이르기까지 철저하고 잔인하게 정적들을 걸러냈다.[5] 아이러니컬하게도 바이마르 공화국을 전복시킬 목적으로 히틀러를 이용하고자 한 공화국의 총통 힌덴부르크를 위시한 군국주의 보수파는 오히려 히틀러에게 조종당하는 역전을 겪어야 했다. 그 후 1934년 8월, 힌덴부르크가 죽자 히틀러는 총통직과 수상직을 통합하여 막강한 제국의 원수가 되었다.

이렇게 히틀러가 큰 어려움 없이 모든 권력을 자신과 나치당에 집중시킬 수 있었던 데에는 여러 가지 이유가 있을 것이다. 무엇보다도 이들이 '국가사회주의'라는 대중의 환상을 만족시키는 '혁명적 운동'을 표방했기 때문이 아닌가 한다. 나치는 독일 민족 공동체에 근거한 국가사회주의에서 자본주의나 공산주의와는 다른 '제3의 길'을 찾아냈다고 주장했다. 공업화의 충격으로 자신들의 생활 양식이 붕괴되어간다고 불안해하는 농민층에게는 안정을 약속했으며, 대량 실업으로 심각한 위기 상황에 처한 노동자들에게는 완전 고용의 희망을 주었다. 다른 한편 지배 계층과 시민 계층에게는 공산주의의 위험으로부터 그들을 보호해주리라는 확신을 주었으므로 히틀러의 약속은 당시 독일의 모든 계층에게 무척 매력적이었다. 그러므로 나치가 유대인들의 재산을 빼앗고 내쫓는 만행을 저지를 때 독일 시민들은 무서워서 침묵하기보다는 오히려 속으로 박수를 보냈을지도 모를 일이다.

(2) 국회의사당 방화 사건, 분서 사건, 제국문화원법

20세기 대탈출의 근본적 계기는 1933년 1월 30일 히틀러가 수상이 되면서 이루어졌다. 그러나 이 역사적 날짜는 그 자체로서는 그리 중요하지 않다. 이미 1920년대 바이마르 공화국 시절, 사회 곳곳에서 유대인과 공산주의자들을 핍박하고 자신들의 목적과 권력을 위해서는 폭력도 불사하는 극우파 국가사회주의자들의 횡포를 얼마든지 볼 수 있었기 때문이다. 그럼에도 이 역사적 사건에 큰 비중을 두지 않을 수 없는 것은 이전에는 우발적 또는 비합법적으로 보이던 나치 당원들의 폭력이 이제 공공연해지고 합법성을 가지게 되었기 때문이다.

그 첫 번째 예로 1933년 2월 27일 국회의사당이 화염에 휩싸인 방화 사건을 들 수 있다. 나치들은 방화의 책임을 자신들의 제1의 정적이었던 공산주의자들에게 전가하여 아무런 법적 근거 없이 1만 명에 달하는 좌파 정치인과 문인들을 체포하기 시작했다. 이때 운이 좋았거나 우연히 바로 체포되지 않았던 (브레히트를 비롯한) 좌파 예술인들은 목숨의 위협을 느끼고 황급히 독일을 떠나지 않을 수 없었다. 심상치 않은 이 사건이 일어난 다음 날, 곧바로 히틀러 정부는 기존의 헌법을 무시하는 〈국민과 국가 보호를 위한 총통령〉을 발표했는데, 이것은 제목이 주는 느낌과는 달리 실제로 나치의 폭력주의를 합법화하는 것이었다.

많은 진보적 지식인, 문인, 학자들에게 나치의 위험성을 과소평가할 수 없음을 재확인시켜준 또 다른 사건은 1933년 5월 10일 독일 전역에서 벌어진 대대적인 '분서 사건'이었다. 유대인 작가, 학자와 좌파 문화예술인들의 서적을 '반독일적'인 것으로 선포하고 불태웠던 것이다. 그리고 공공도서관에서 처분해야 할 서적 130여 권의 목록이 신문에 공개되었고, 이에 속하는 책을 사는 것도 반역죄에 해당되었다. 서적을 불태울 때에는 결국 인간까지도 불태우게 될 것이라는 시인 하이네의 말이 아니더라도 역사적 거리를 두고 볼 때, 이 끔찍한 사건은 앞으로 다가올 유대인 말살을 암시하는 듯하다.

한편 이런 사건에서도 예술가로서 타격을 받지 않고 살아남은 이들을 직접적으로 옥죄는 문화 정책이 4개월 후에 시행되는데, 바로 제국문화원법 제정을 통해서이다. 이것은 마치 일제가 1940년 10월에 "신동아 질서 건설"을 위해 '국민총력조선연맹'을 조직하고 그 산하 조직인 문화부가 조선의 모든 문화예술계를 통제했던 것과 유사하다.

이 제국문화원법에 의거해 예술인 중 문화 활동을 해도 되는 사람과 그렇지 않은 사람의 명단이 각 단체에 전달됐다. 제국음악협회[6]를 비롯하여 새로 조직된 친 나치 단체들은 구성원들에게 아리아인의 후예라는 증거와 나치 국가에 충성하겠다는 맹세를 요구했다. 이러한 조건을 충족시키지 못하는 예술인은 활동이 금지되었으므로 이것은 실제 유대인 예술인뿐만 아니라 정치적·예술적으로 나치와 다르게 생각하고 행동하는 모든 예술인의 직업 활동을 금지하는 것과 같았다.

이 법에 따르면 모든 음악가는 제국음악협회에 등록하여 음악가 신분증을 발부받고 매달 회비를 내야 하며, 이 신분증이 있는 사람만이 음악 활동을 할 수 있었다. 1933년 이전 독일의 음악가는 예술음악, 대중음악, 창작, 연주를 막론하고 9만 4,000명 정도였다.[7] 이들 중 반 이상이 대중음악 분야 종사자였는데, 대중음악의 속성상 특별한 대학시험이나 증명서 없이 활동하는 경우가 흔했다. 제국음악협회는 아마추어와 훈련된 전문가를 구분해내고, 동시에 아리아인과 유대인, 외국인과 독일인을 구분하는 등 여러 가지 목적으로 음악가들의 개인 자료 등록을 요구했다. 이 제도는 그러나 실제로는 외국인과 유대인 음악가들을 쫓아내고 직업난에 허덕이는 실직 독일 음악가들에게 일자리를 마련해주는 역할을 했다. 1937년이 되면 일자리를 찾는 음악가보다 일자리가 더 많아지는 현상이 생기는데, 이는 유대인 음악가를 쫓아내는 데 아리아인 동료들과 관청이 얼마나 효과적으로 협조했는지를 잘 보여준다. 1938년 11월의 제국음악협회 자료에 따르면 대다수의 유대인 음악가는 독일을 떠나거나 다른 일에 종사한 것으로 나타났다. 한번 유대인으로 알려지면 합법적인 공연 활동이 불가능했기 때문이다(주 7번 참고).

이러한 일련의 사건들은 1933년 이전에 있었던 나치 추종자들의 횡포와는 분명히 차원을 달리했다. 그러나 이것은 역사를 거꾸로 볼 때 뚜렷하게 드러나는 것이지 앞으로 어떤 일이 벌어질지 모르는 당시 상황에서는 그 차이를 정확하게 판단하기 힘들었을 것이다. 실제로 1933년에는 히틀러 정부를 우박처럼 잠시 지나가는 위험으로 보고 독일에 머무르려고 했던 중도파, 보수파 지식인, 예술인들이 많았다. 음악철학자이자 프랑크푸르트학파의 대표적인 사회학자였던 테오도어 아도르노Theodor W. Adorno도 예외가 아니었다. 1934년까지도 그는 필명을 바꾸어가며, 또 나치와 타협해서라도 독일에서의 집필 활동을 계속하고자 했다.

(3) 히틀러의 공산주의자 탄압

나치들이 공식적·비공식적으로 유대인들을 박해했지만, 히틀러가 먼저 겨냥한 것은 유대인이 아니라 마르크스주의자를 비롯한 정치적으로 급진적인 좌파 지식인들이었다. 그래서 히틀러 집권 초기에 독일을 떠난 망명인들은 주로 좌파 학자와 교수들이었다. 물론 1933년부터 1939년까지 독일을 떠난 좌파 지식인 3만여 명 가운데 80퍼센트가 유대인이긴 했지만, 이들은 유대인이어서라기보다 좌파 성향 때문에 일자리를 잃은 학자이자 지식인으로서 망명했던 것이다.[8]

그래서 아이러니컬하게도 정치적으로 보수적인 성향을 가진 유대인들이 자발적으로 좌파 유대인 동족을 '위험한 공산주의자'로 나치들에게 고발하는 일도 비일비재했다. 그들은 이러한 아첨을 통해 나치에게 특혜를 받고 싶은 어설픈 속셈을 가지고 있었다. 뿐만 아니라 제1차 세계대전 때 독일을 위해 싸워 훈장을 받고 독일인들보다 더 국수주의적이었던 유대인들에게 히틀러는 오히려 (유대인) 공산주의자들을 제거해주는 고마운 '우리 편'에 속했다. 이러한 사실은 이 당시 유대인 스스로도 나치의 정체를 제대로 파악하지 못하고 있음을 여실히 보여준다.

한 예로, 당시 유명했던 유대인 테너 가수 리하르트 타우버Richard Tauber(1938년 영국으로 망명)가 히틀러에게 편지를 써서 자신에 대한 나치 신문들의 공격을 중단하도록 조치해줄 것을 요청하는 웃지 못할 일도 있었다. 이 정도로 당시 일부 예술인과 지식인들은 히틀러가 어떤 인물인지, 그들의 운명이 어떤 상황에 처해 있는지 완전히 잘못 알고 있었다.

그러나 1938년 11월 9일, 독일 내에서 유대인 박해가 대대적으로 감행된 기점이라 할 수 있는 "수정의 밤"[9]에 독일 전역의 유대인 회교당이 불타오른 사건이 있은 후에야 비로소 유대인들은 나치가 진짜 원하는 것이 무엇인지 깨닫게 된다. 유대인 내부의 공산주의자들이 모두 제거되고 나면 유대인에 대한 히틀러의 박해가 중단되리라 믿었던 것이 한낱 허상이었음을 그들은 절감할 수밖에 없었다. 1938~1939년에 다시 2차 대규모 망명의 물결이 일었던 것도 바로 이러한 사건의 결과였다(1938~1939년에 독일을 떠난 유대인은 11만 8,000명으로 1933년의 3배에 이른다. 주 4번 참고).

3. 떠난 자들의 삶―창작자를 중심으로

지금까지 서술에서 알 수 있듯이, 정치적으로 두드러진 활동을 하지 않았던 대부분의 음악가들은 나치 집권 초기에는 직접적으로 생명의 위협을 받지는 않았다. 또 히틀러의 정체를 오해한 음악가들도 있었지만 1933년부터 서서히 예술인들의 망명은 시작된다. 몇몇 예외를 제외하고 시립, 국립 오케스트라의 지휘자를 비롯해서 단원들, 그리고 음대 교수에서 오페라 극장의 프리마돈나에 이르기까지 뚜렷한 직업상의 이유 없이 유대인이라는 이유로 하루아침에 쫓겨나고 보이콧을 당하는 일이 많았기 때문에 살길을 찾아나서는 것은 당연했다.[10]

그러나 망명 또한 독일에 머무르며 나치의 위협과 불안 속에서 사는 것만큼이나 쉽지 않은 일이었다. 스위스로 망명한 한 코미디 배우는 1년에 무대에 설 수 있는 날이 4주밖에 되지 않는다는 조건과 이에 따른 경제적 어려움에 동맥을 끊어 자살했는데, 이런 일들이 드물지 않았다.

그렇다면 당시 망명 음악가의 삶과 외적 조건이 어떠했는지 알아보자. 하지만 다양한 인간의 삶과 복잡한 세상을 요약한다는 것 자체가 불가능하듯이 가지각색인 망명인들의 삶을 한 가지로 정리하기는 힘들다. 따라서 몇 가지 질문을 통해 망명인의 삶을 단편적이나마 이해해보고자 한다. 이를테면, 누가, 왜 망명을 떠날 수밖에 없었는가? 이 유례없는 망명의 소용돌이 속에서 음악가들이 망명지로 선택한 나라는 어디인가? 살아남기 위한 수단으로 대학과 할리우드는 어떤 의미를 가졌는가? 등이다. 그러나 이에 대해서도 엄청난 자료가 존재하고 여기서 다 풀어놓는 것 또한 한계가 있으므로 효과적인 서술을 위해 연주가보다 창작자에 비중을 두고자 한다. 그 이유는 후반부에 다룰 망명 작품과 사회 조건의 관계에 대한 관심 때문이다.

(1) 누가, 언제, 어디로, 왜 떠났는가

창작자를 중심으로 망명 생활을 살펴본다 하더라도 문제는 여전히 남는다. 망명이라는 외적 압력에서는 작곡가가 작곡보다는 경제적으로 훨씬 유리한 악기 연주를 하거나 지휘자로 활동하기도 하고, 거꾸로 지휘자, 연주가가 망명의 고독한 시간을 메우기 위해 작곡을 하는 등 창작자와 연주자의 경계가 모호해지기 때문이다. 그러니 창작자의 개념도 넓은 의미에서 이해하도록 한다.

그런데 창작 분야 중에서도 예술음악 분야에서 활동한 남성 작곡가들에 대한 서술이 여성 음악가에 대한 것보다 양적으로 많은데, 이것은 여성 음악가들이 수적으로 열세인데다 열악한 연구 상황으로 자료도 빈약하기 때문임을 밝히고자 한다. 영화음악가의 경우는 나중에 '대학과 할리우드' 부분에서 함께 서술할 것이다.

ㄱ. 망명 음악가의 최선두자 쇤베르크, 그리고 다양한 망명 이유

20세기 음악사에서 아르놀트 쇤베르크Arnold Schönberg처럼 그 역사적 의미가 부각된 음악가도 드물다. 또 쇤베르크처럼 일찌감치 히틀러에 대한 환상을 깨버린 예술가도 찾아보기 힘들다. 쇤베르크는 1933년 당시 독일의 최고 음악 기관이었던 베를린의 프로이센 아카데미에서 (1926년부터 페루치오 부소니Ferruccio Busoni의 후임으로) 작곡과 교수로 있었다. 히틀러가 정권을 잡자 바로 다음 날, 이 아카데미에서도 유대인의 영향을 근절시켜야 한다는 아카데미 관장의 연설이 있었다. 쇤베르크는 이것이 무엇을 의미하는지 곧바로 알아채고 스스로 사임할 것을 밝혔다. 그 자리에 있었던 음악가 막스 부팅Max Butting의 말에 따르면 쇤베르크는 친나치 아카데미 관장의 새로운 지침에 충격을 받기보다 마치 이런 일이 있을 것임을 알고 오랫동안 준비하고 있었으며, 이제 올 것이 왔다는 자세로 받아들였다고 한다.

실제로 이미 오래전부터 오스트리아에서도 만연했던 반유대 분위기를 절감한 쇤베르크는 1923년, 화가 바실리 칸딘스키Wassily Kandinsky에게 쓴 편지에서 "반유대주의가 폭력 외의 다른 방향으로 흐르는 것을 생각할 수 있겠는가?"라고 다가올 일을 예언한 바 있었다.[11]

하지만 이미 오래전에 가톨릭으로 개종했던 쇤베르크는 종교적으로나 음악적으로 독일인과 다를 바 없었다. 따라서 반유대주의 테러의 위협을 오래전에 감지했다 하더라도 그것이 당장 눈앞에 현실로 나타났을 때 이를 그대로 받아들이기 어려울 것이다. 그러나 나치에 대해 아무런 환상도 갖지 않은 쇤베르크의 태도는 매우 특이한 것이었다. 이를 특이하다고 보는 이유는 당시 지식인과 엘리트들이 보여준 태도와 대조적이기 때문이다. 예를 들면 1934년까지도 나치와 타협하며 독일에서 자신의 글을 발표하고자 했던 아도르노 외에도 독일 문학계의 큰 별 토마스 만Thomas Mann도 1938년에야 비로소 독일과 단절을 결심하고 미국 망명을 실행한다.

쇤베르크 역시 독일어를 사용하는 문학가들 못지않게 독일 전통에 깊이 뿌리내린 예술가로서 어떻게 이런 태도를 보일 수 있었는지 놀랍다. 바흐, 베토벤, 브람스로 대표되는 '독일 음악'의 계승자로 자처하던 쇤베르크에게 독일을 떠나는 것은 자신의 음악적 동질성을 포기하는 것이 될 수도 있었기에 더욱 그러하다.

어쨌든 그는 자신의 퇴임을 간접적으로 종용하는 친나치 아카데미 관장에게 아무런 저항도 하지 않고 순순히 자리를 내주고, 일말의 미련도 없이 새로운 일자리를 찾아 가족과 함께 프랑스를 거쳐 1933년 10월, 미국 보스턴으로 떠난다. 쇤베르크는 이후 독일 땅을 다시 밟지 못하고, 1951년 미국에서 사망함으로써 18년간의 망명 생활을 끝낸다.

쇤베르크와 달리 유대인이 아니었던 헝가리 음악가 벨라 바르톡의 망명 이유는 매우 독특하다. 그는 1938년 나치들이 '퇴폐 음악Entartete Musik 전시회'[12]에서 발표한 금지 작곡가 목록에 자신의 이름이 빠지자 이에 유일하게 항의한 작곡가이다.[13] 그는 나치의 문화적 야만성을 간파하고 나치가 있는 곳에서 예술가로 사는 것에 수치심을 느껴 1939년 고국 헝가리를 등진다. 수치심도 자존심도 버리고 나치와 타협하면서 "살아남기 위해 어쩔 수 없었다"라고 변명하는 대다수 음악가들을 부끄럽게 만드는 예가 아닐 수 없다. 20세기 음악의 거대 산맥 중 하나인 바르톡은 미국으로 망명한 지 5년

만에 명성도 누리지 못한 채 1944년 병으로 사망한다.

그러나 바르톡과 대조적으로 이고르 스트라빈스키Igor Stravinsky는 금지 작곡가 목록에 자신의 이름이 들어 있는 것에 오히려 항의한다. 그는 나치가 지배하는 독일에서도 자신의 작품이 계속 연주되기를 바랐다. 그러나 여러 가지 노력에도 불구하고 사정이 여의치 않자 스트라빈스키도 1939년 미국으로 떠난다. 하지만 쇤베르크나 바르톡의 망명과 성격이 같다고 보기에는 상대적으로 거북한 점이 있다. 전쟁의 소용돌이에 휘말린 유럽보다 훨씬 안전한 미 대륙으로 건너가 더 나은 음악 활동과 삶을 누리려 했다고 평가할 수 있기 때문이다.

스트라빈스키와 비슷한 '신고전주의 음악' 경향을 보이는 천재 비올라 연주자이자 작곡가인 파울 힌데미트Paul Hindemith는 유대인의 피를 물려받지 않은 순수 아리아인이었으므로 우선 독일에 머무르는 것에 별문제가 없어 보였다. 하지만 나치와 타협하고자 한 힌데미트의 노력에도 불구하고 그의 음악은 '독일적'이지 않다는 이유로 나치 비평가들에게 비난을 면치 못했다. 나치 시기 독일의 대(大)지휘자 빌헬름 푸르트뱅글러Wilhelm Furtwängler의 적극적인 보호도 소용이 없었다. 특히 1929년에 발표한 그의 시대극 오페라 〈오늘의 뉴스Neues vom Tage〉에는 기술이 발달한 도시 생활의 좋은 점을 찬양하며 여인이 목욕하는 장면이 있는데, 히틀러가 이

"정숙하지 못한" 장면을 보고 매우 기분이 상했다는 사실도 힌데미트가 독일에서 활동하는 데 장애가 되었을 것이다.[14] 힌데미트는 1934년 음악이 홍수와 같은 재난을 피해 도주할 수 있는 피난처가 될 수 없으므로 나치 정부와 관계를 과감히 끊을 것을 요구하는 작가 베르톨트 브레히트Bertolt Brecht 의 편지를 받았지만 1937년까지도 나치와의 타협을 포기하지 않는다. 그러나 이것이 점점 불가능해지자 결국 베를린 대학의 교수직을 사임하고 1940년 드디어 미국으로 망명하여 그곳에서 정착한다(제4장에서 그의 전후 활동에 대해 자세히 언급하고 있다).

ㄴ. 아이슬러와 바일 그리고 그 외 음악가들의 사정

음악가들이 독일을 떠나야 했던 이유가 단순히 유대인이었기 때문이라는 일반적인 추측을 보충해주는 음악가는 바로 한스 아이슬러Hanns Eisler이다. 쇤베르크, 바르톡, 스트라빈스키, 힌데미트의 경우는 망명 당시 직접적인 생명의 위협을 느꼈다기보다 예술가로서 활동하는 데 있어 심한 심리적·경제적 장애가 되는 히틀러를 피해 유럽을 떠났다고 할 수 있다. 그러나 유대인에다 마르크스주의자였던 아이슬러의 경우는 이와 다른 차원의 직접적인 위협이 망명의 원인이 되었다.

아이슬러는 공산주의 진영의 노동자 음악을 대표하는 음

악가로 유명했으므로 히틀러의 집권과 함께(앞서 언급했듯이 히틀러는 유대인보다 일차적으로 공산주의자를 제거하려 했기 때문에) 바로 위험인물로 지목되었다. 다행히 아이슬러는 이당시 사건의 중심지인 베를린에 있지 않고 오스트리아 빈에 머물고 있었다. 곧 있을 연주회를 위해 자신의 노동 합창곡을 지휘할 안톤 폰 베베른Anton von Webern(쇤베르크의 제자이며 동시에 아이슬러의 스승이기도 함)을 음악적으로 돕기 위해 빈에 온 것이었다. 나치들은 그동안 아이슬러의 베를린 집을 수색했고, 아이슬러는 자신이 현상금이 걸린 수배자라는 소식을 듣고 집으로 돌아가지 않았다. 작은 손가방 하나만 달랑 든 채 무작정 빈에 머물렀던 아이슬러는 하루아침에 망명인이 된 것이다.

정치에 민감한 반응을 보이던 아이슬러와 같은 음악가에게도 히틀러의 승리와 이로 인한 망명은 충격이 아닐 수 없었다. 냉철하고 상황 판단에 정확했던 아이슬러마저 아무런 준비 없이 히틀러의 집권에 부딪치게 된 것은 사리 판단을 흐리게 하는 1932년의 미묘한 정치적 변화 때문이었던 것 같다. 즉 같은 해 7월 의회 선거에서 102석에서 230석으로 늘어난 나치당이 1932년 11월 선거에서는 196석으로 후퇴했다. 반면에 공산당은 89석에서 100석으로 증가했으니 공산당을 지지하는 이들에게는 낙관적인 현상으로 보였고 당연히 1933년 나치당의 승리는 예기치 못한 것이었다.[15]

아이슬러만큼 노동음악 운동에 적극적으로 참여하지는 않았지만 브레히트와 함께 〈서푼짜리 오페라Die Dreigroschen-oper〉를 만들어 유명해진 쿠르트 바일Kurt Weill 또한 유대인이라는 사실과 사회 비판적인 음악으로 인해 이른바 '문화적 볼셰비즘'이라는 비난을 받았다. 나치는 이 모호한 용어로 유대인 출신의 아방가르드 예술인과 공산주의를 한 솥에 부어 넣어 두 마리 토끼를 한꺼번에 잡고자 했다. 바일처럼 공산주의와는 직접적인 상관이 없는 음악가도 이 용어에 따라 좌파로 분류돼 제거되어야 할 인물로 규정되었다. 그도 다른 망명인들처럼 1935년에 파리를 경유해 더 나은 작품 활동을 할 수 있는 조건을 약속하는 미국으로 망명한다. 적응력이 뛰어난 바일은 브로드웨이의 저명한 음악가로 인정받고 완전한 미국 시민이 되었다. 그는 언어에서도 독일어를 삼갔는데, 이는 독일로부터 받은 상처에 대한 반응으로 보인다. 그는 1950년 50세의 나이로 미국에서 사망함으로써 15년간의 망명 생활을 마감했다.

바일과 같이 1900년생인 오스트리아의 작곡가 에른스트 크셰넥Ernst Krenek은 1925년에 재즈 오페라 〈조니는 연주한다Jonny spielt auf〉를 발표하여 시대적 분위기를 타고 대대적인 성공을 거두었다. 그러나 이 작품은 1933년 이후 주인공 조니가 흑인인데다 나치가 저열하게 평가하는 재즈 음악이 사용되었다는 이유로 금지되고 만다. 또한 크셰넥은 유대인이 아니었지만 유대인으로 오해받아 곤욕을 치렀다. 유대인 구스타프 말러Gustav Mahler의 딸 안나 말러와 결혼한 사실이——얼마 되지 않아 곧 이혼하지만——나치들로 하여금 혼동하게 했을 수도 있다. 힌데미트와 달리 처음부터 나치들과 타협할 생각조차 없었던 그는 결국 1938년 미국으로 망명을 떠난다. 1991년 91세로 사망할 때까지 그는 미국 작곡가로 활동했다.

아이슬러처럼 1920년대 독일의 혁명적인 분위기에서 좌파 사상을 가졌던 젊은 음악가들도 유대인이건 아니건 독일을 떠나야 했다. 공산당원이었던 에른스트 헤르만 마이어Ernst-Hermann Meyer, 카를 랑클Karl Rankl은 영국으로 떠났으며, 한때 공산당원이었다가 그 후 탈당한 음악가 블라디미르 포겔Wladimir Vogel은 스위스에서 잠적했고, 슈테판 볼페Stephan Wolpe는 팔레스타인을 거쳐 미국으로 가 새로운 삶을 개척했다.

정치적인 과거와 국제적 유명세가 없던 탓에 이들은 여러 가지 어려움을 겪으며 생존을 위해 싸워야 했던 반면, 유명 연주자와 지휘자의 경우는 망명지에서도 조건이 훨씬 유리했다. 피아니스트 아르투어 슈나벨Arthur Schnabel, 에두아르트 슈토이어만Eduard Steuermann, 지휘자 브루노 발터Bruno Walter, 프리츠 부슈Fritz Busch, 오토 클렘페러Otto Klemperer와 같은 음악가들은 1933년 이전에 이미 국제적으로 유명했으므로 큰 어려움 없이 미국으로 망명할 수 있었다. 아직 유명하지는 않았지만 사회학자로서 두각을 보인 음악 비평가(작곡도 함) 아도르노도 1934년 영국으로 일차 망명을 떠났다가 큰 어려움 없이 1938년 미국으로 재차 망명한다.

ㄷ. 수염 난 여자? 여성 작곡가의 힘든 망명길

여성 음악가의 망명은 남성 음악가와 어떤 차이를 보이는가? 의도적인 것이 아니지만 여성 작곡가에 대해서는 언급할 것이 많지 않다. 여성이 대학에서 정식으로 공부할 수 있게 된 것이 대체로 20세기 초가 지나면서부터였고 실제로 대학 공부를 한 여성도 극히 소수였다는 점을 보면 1933년 망명을 떠나야 했던 여성 작곡가의 수가 손가락으로 꼽을 수 있을 만큼 적은 것도 이해할 만하다.[16]

제도적 문제도 문제지만 작곡하는 여자를 마치 '수염 난 여자' 또는 '화장하는 남자'처럼 어색하게 바라보는 곱지 않은 시선도 유능한 여성 작곡가의 발전을 저해했을 것이다. 게다가 생명의 탄생은 여성의 일, 예술 창작은 남성들의 영역으로 이해돼온 탓에 여성 스스로가 창작을 자신과 맞지 않는 낯선 것으로 여겨 강한 자기 확신과 투철한 정신으로 매진하지 못한 것이 더 큰 문제로 보인다.[17] 물론 이 점 역시 사회적으로 교육을 통해 내면화된 것이리라.

평소에도 작곡으로 생계를 해결하기 힘든 마당에 생존이

문제였던 망명 생활에 빠르게 적응해야 했던 여성들은 미래를 위해 작품을 쓰기보다 당장의 생계를 해결하는 허드렛일에 남성 예술가들보다 더 적극적으로 나설 수밖에 없었을 것이다. 이런 수많은 무명의 여성 작곡가들의 한 예로 로테 슐레징거Lotte Schlesinger를 먼저 소개하고자 한다.

슐레징거는 1925년부터 베를린 음악대학에서 프란츠 슈레커Franz Schreker와 힌데미트에게 작곡을 배운 유능한 여성이었다. 그녀는 당시 작곡 선생으로 명성이 높았던 쇤베르크에게 배워보려고 했으나 그의 '지나친' 엄격함 때문에 포기하고 만다. 작곡 스승도 제자도 모두 남자였던 당시의 상황에서 외톨이 여성 작곡가로서 겪어야 했던 어려움 때문인 듯 그녀는 음악 교사로서 자신의 재능을 키워나가는 데 소홀하지 않는다. 1933년 이후 프라하, 빈, 파리, 바르셀로나를 떠돌다 1935년에는 모스크바의 음악원에서 음악 교사로 2년 동안 가르쳤고, 1938년에는 미국으로 망명하여 음악 교육자로 정착하게 된다. 그녀는 대학에 자리를 잡긴 했으나 심한 근시 때문에 작곡은 결국 영영 포기하고 만다. 귀가 들리지 않아도 포기하지 않았던 베토벤과 같은 대가가 아니더라도 장애를 딛고 꾸준히 창작을 했던 많은 남성 작곡가들과 대조적임을 부인할 수 없다. 그녀의 작품은 모두 망명 이전의 것이며 영화음악을 쓴 기록도 없다. 슐레징거의 경우는 당시 여성들이 작곡가로서 자기 확신을 가지는 것이 얼마나 힘든

지를 보여준다.

　물론 망명의 시련 속에서도 끝까지 작곡가로 살아남은 여성이 없었던 것은 아니다. 슐레징거보다 어린 세대인 1924년생 루트 쇤탈Ruth Schoenthal은 어린 나이에 부모를 따라 망명을 떠나야 했으므로 오히려 유리한 면이 있었다. 쇤탈은 나치의 위험을 피해 스웨덴, 멕시코를 지나 1939년 미국에 정착하고 나서야 정식으로 음악 공부를 할 수 있었다. 예일 대학에서 힌데미트에게 사사한 쇤탈은 작곡가로서의 길을 탄탄하게 시작했다. 여성 음악가로 끝까지 자신의 영역을 개발해나가기에 여러 가지 어려움이 없지 않았지만 주위의 격려와 강한 의지로 전업 작곡가의 길을 갈 수 있었다. 그녀는 현재 '미국 작곡가'로 독일보다 미국에서 더 잘 알려져 있다.

　쇤탈처럼 대학 세대는 아니지만 끝까지 여성 음악가로 성공한 경우로 프랑스 작곡가 나디아 불랑제Nadia Boulanger가 있다. 가브리엘 포레Gabriel Fauré의 제자였던 불랑제는 망명 전부터 이미 파리에서 유명한 작곡 선생으로 알려져 있었으므로 1940년 미국으로 건너간 후에도 큰 어려움 없이 활동을 계속할 수 있었던 예외적인 경우다. 그녀는 특히 교육자로서 두각을 나타내 20세기 음악사의 중요한 제자들(거의 남성)을 많이 배출했다. 그러나 불랑제는 이에 만족하지 않고 작곡가로서 자신의 정체성을 결코 포기하지 않았으며 지휘자 활동(르네상스 말기의 이탈리아 작곡가 클라우디오 몬테베르디Claudio Monteverdi의 작품을 발굴하고 소개했음)도 하여 여성 음악가로서는 보기 드물게 독보적인 위치를 확보했다. 당시 미국의 음악가들은 쇤베르크의 음악보다 불랑제의 음악을 더 선호했으므로 미국에서 그녀의 영향은 쇤베르크보다 훨씬 컸다 할 수 있다. 물론 음악사적인 평가는 반대다. 쇤베르크의 음악은 타의 추종을 불허하는 절대적인 것이 되었지만 작곡가로서 불랑제의 의미는 큰 비중을 차지하지 못하고 있다. 그러나 불랑제는 망명 시기 동안만 본다면 분명 쇤베르크보다 성공한 여성 음악가라고 할 수 있다.

지금까지 환경이 좋지 못해 활동을 포기했거나, 반대로 끝까지 작곡가로 살아남은 여성 음악가들을 살펴보았다. 자료도 부족하고 여성 작곡가 수가 턱없이 적어 성별 차이로 드러날 수 있는 남성과 차별되는 특수한 현상을 포착하기는 힘들었다. 이런 약점에도 불구하고 영화음악 분야에서 나타나는 특이한 현상을 질문으로 남기는 데 만족하고자 한다.

'고귀한 예술'이 남성의 영역이라는 편견이 퍼져 있는 것을 생각해보면 상업적인 냄새가 훨씬 진한 영화음악 분야에는 여성이 적극적으로 진출했을 법도 하다. 문학에서도 잘 팔리는 대중적 연애소설의 작가는 대체로 여성이었기 때문에 충분히 생각해볼 수 있는 일이다. 그리고 실제로 갑작스러운 망명이라는 환경 변화에 잘 적응하고, 외국어도 쉽게 익히는 유연성으로 망명 생활에서 살아남기 위해 노력했던 여성들에 대한 보고서가 많은 것을 보면, 유연성과 적응력, 대중과의 친화력이 중요한 영화음악 작곡은 여성 음악가에게 오히려 유리한 음악 분야일 가능성이 높다.

그러나 이상하게도 영화음악으로 성공한 여성 작곡가는 거의 없다. 유럽에서 망명을 와 할리우드에서 성공한 영화음악가는 대부분 남성이다. 거의 100퍼센트에 가까운 비율은 오히려 예술음악 분야보다 훨씬 더 심각해 보인다. 이것 역시 당시 작곡 분야에서 여성 작곡가의 숫자가 턱없이 적은 일반적인 현상을 그대로 반영하고 있다고밖에 볼 수 없다.[18] 어쩌면 영화 관련 일이 여러 명의 제작팀이 함께 움직이는 작업인 점을 감안할 때 여성에게는 여러 가지 제약이 따르리라는 선입견도 장애가 되었을지 모른다. 1930~1940년대에 여성 감독을 상상하기 힘들었던 것처럼 기계와 밀접한 관련이 있는 영화 분야에서 여성의 활동은 배우나 스튜디오의 악기 연주가를 제외하고는 쉽지 않았을 것이다.

결론 짓자면, 예술음악계, 영화음악계를 통틀어도 망명 여성 음악가의 존재는 예상보다 더 미미하다. 특히 생계가 보장되는 영화음악계에 여성 작곡가의 진출이 거의 전무한 것은 예상 밖의 일이다. 하지만 할리우드에서 성공한 남성 음악가들도 이미 유럽에서 영화음악의 경험이 있는 경우가 대부분이었음을 생각해볼 때 이러한 전제 조건이 없는 여성 음악가들의 할리우드 진출은 아예 처음부터 차단되었을지도 모른다. 그러나 이 문제는 다각도로 연구할 문제이므로 여기서는 과제로 남겨두기로 한다.

ㄹ. 매력적인 망명지 미국

지금까지의 예에서 보듯이 대다수 유대인 음악가들이 마지막 망명지로 주로 선택한 곳은 이스라엘이 아니라 미국이었다. 미국은 유럽과 멀리 떨어져 있어 전쟁으로부터 안전했을 뿐 아니라 무엇보다도 경제적으로 풍요로웠고 할리우드가 있어 직업적 전망에서도 유리했기 때문이다. 물론 이스라엘을 선택한 음악가들도 있었다. 이들은 대개 젊은 층의 시온주의자들이었다. 하지만 새로 조성중이던 이스라엘의 문화적 성향은 대체로 보수적이어서 쇤베르크와 같은 아방가르드 음악가가 설 곳이 없었다. 슈테판 볼페와 같이 젊은 축에 속하는 음악가도 1934년 희망에 차 팔레스타인(지금의 이스라엘)으로 갔다가 그곳의 보수적인 음악 실태에 실망하고 1938년 미국으로 재차 망명하기도 하는데, 이는 현대 음악의 대표자들이 이스라엘을 피하게 되는 정황을 잘 대변해 준다.

또 한 가지, 아이슬러와 같은 사회주의 음악가들이 소련으로 가지 않았다는 사실도 짚고 넘어가야 하겠다. 소련은 망명 비자를 매우 제한적으로 독일 공산당원에게만 발급했다.[19] 선정 기준도 아주 까다로워 아이슬러처럼 비(非)교조적인 예술가는 아예 처음부터 생각하기 힘들었을 것이다. 뿐만 아니라 1939년 히틀러와 스탈린이 불가침 평화조약을 맺은 사건은 아이슬러를 비롯한 많은 친소련 노선의 예술가들로 하여금 소련에 대해 비판적으로 돌아서거나, 아도르노처럼 아예 등을 돌리게 했다.

참고로 미국에서 입국을 철저하게 거절한 좌파 망명 문학 인들의 경우, 유럽의 모든 항구가 나치 손에 들어간 1942~ 1943년에는 더 이상 갈 곳이 없었다. 그런 그들을 마지막 순 간에 받아준 곳은 멕시코였다. 문학인들에게 멕시코가 중요 한 망명지 역할을 한 것은 음악가들의 경우와 다른 점이다.

(2) 망명지 미국에서의 삶―대학과 할리우드

히틀러의 패배를 바라는 마음 외에는 어떠한 예술적·정치 적 공통점도 찾기 힘든 망명 음악가들에게 생존의 문제는 누 구에게나 중요한 공통분모였다. 망명 이전에도 예술음악가 들이 음악만으로 생계를 해결하는 것은 유명한 음악가일 경 우에나 가능한 일이었다. 특히 작곡가들은 작품 활동과 출판 을 통해 충분한 소득을 얻기 힘들었으므로 주로 대학 및 아 카데미에서 교수직을 가진 경우가 많았다. 아무리 음악적으 로 인정받고 연주회에서 성공한다 하더라도 생활이 보장되 지 않았기 때문이다. 망명 전 라이프치히에서 교육받은 젊고 장래가 촉망되는 작곡가 미클로스 로저Miklos Rozsa(후에 할리우드에서 성공함)도 이를 깨닫고 유명한 선배 작곡가에게 이 문제를 의논했는데 그 대답은 "영화음악을 쓰는 것"[20]이었다고 한다.

평소보다 생존의 문제가 더 절실한 망명 생활에서 대학과 할리우드가 음악인들에게 예술가로서 살아남기 위한 투쟁에 어떤 역할을 했는지 살펴보자. 접시 닦기, 정원사를 비롯한 허드렛일에서 음악 개인 교습과 같은 일들도 생존에 도움이 되었지만 망명 음악가들의 음악적 영향을 아는 데는 중요하지 않으므로 생략한다. 그리고 알반 베르크Alban Berg와 거의 같은 시기에 오페라 〈보체크Wozzeck〉를 작곡했던 만프레트 구를리트Manfred Gurlitt[21]처럼 일본으로 건너가 그곳의 오페라 발전에 기여한 음악가도 있고, 유명한 피아니스트이며 지휘자인 다니엘 바렌보임Daniel Barenboim의 부모처럼 아르헨티나로 간 음악가도 있었지만, 여기서는 대다수 망명 음악가가 활동했던 미국을 중심으로 이야기하자.

ㄱ. 생존 수단 대학

독일을 비롯한 유럽의 망명 학자와 음악가들의 입국 초기에는 미국이 그들을 환영할 이유가 있었다. 특히 인문사회학 분야나 음악 분야에서 미국 학생들은 제대로 공부하기 위해 이전에는 유럽으로 유학을 가야 했었다(미국의 유명한 사회학자 탤컷 파슨스Talcott Parsons도 독일에서 공부했다). 그러나 이제 히틀러 '덕분에' 수많은 유럽의 학자들과 음악가들이 제 발로 미국에 왔으므로 미국으로서는 횡재였다(히틀러 집권 후 바로 미국으로 망명 온 학자들은 유리했다. 초기에 온 학자들이 학문적으로 열세에 있던 미국 대학의 자리를 거의 채웠으므로 제2차 세계대전이 시작된 후 늦게 망명 온 학자들은 아주 유명한 인물을 제외하고 그리 환영받지 못했다).

음악 분야에서도 세계적으로 유명한 음악가는 물론이고 어느 정도 이름 있는 작곡가들도 미국의 여러 대학에서 가르칠 수 있었다. 쇤베르크는 UCLA에서, 힌데미트는 예일 대학에서 가르쳤고, 에른스트 토흐Ernst Toch는 캘리포니아 대학, 슈나벨은 미시간 대학에서, 아이슬러는 짧은 기간 동안 뉴욕의 '新사회연구전문학교New School for Social Research'에서 가르치다 영화음악에 뛰어들었고, 슐레징거는 여러 대학에서 가르치다 조기 음악 교육계에 공헌한다.[22]

그러나 음악대학에서 더 두드러진 역할을 한 망명인은 오히려 음악학자들이었다. 베를린의 음악학자였던 쿠르트 작스Curt Sachs(뉴욕 대학과 컬럼비아 대학 교수 역임)는 미국 음악학회의 대표가 될 정도로 영향력을 행사했다. 이들 망명학자의 영향력은 오늘날까지도 느낄 수 있는데, 예를 들면 유럽에서는 그리 잘 알려져 있지 않은 하인리히 셴커Heinrich Schenker의 음악 이론을 그의 제자인 오스발트 요나스Oswald Jonas와 펠릭스 잘처Felix Salzer가 미국에서 소개하고 가르친

덕택에 '솅커 이론'[23]은 오늘날 몇몇 한국의 음악대학에서도 중요한 이론으로 각광받고 있다.

망명 음악가들의 가르침을 받은 미국 학생들은 제2차 세계대전이 끝난 후에는 유럽의 음악가에 뒤지지 않는 눈부신 발전을 보인다. 히틀러의 야만성과 폭력으로 인해 미국은 오히려 문화적으로 덕을 보았다 해도 과언이 아니다.

그런데 여기서 잠시 언급할 것은 서구 문명 내에서 음악은 국제적 언어이므로 어디를 가든 통용되리라는 일반적인 통념이 항상 적용되는 것은 아니라는 사실이다. 음악도 언어처럼 음악 언어라고 칭할 수 있는 측면이 있다. 그래서 한 음악 언어가 주도하는 문화권에 익숙한 청취자에게 다른 음악 언어로 만든 음악은 이해하기 힘든 경우가 많다. 예를 들면, 조성 음악에 익숙한 19세기 서양인이 다른 음악 언어로 만들어진 우리 전통 음악을 전혀 이해하지 못하고 소음으로 여긴 것과 같다.

나치들은 현대음악을 '건강한' 음악의 돌연변이 또는 정신불구 현상으로 몰아 모두 쓸어 쓰레기통에 처넣고 말살하려 했다. 물론 이 정도는 아니었지만 미국의 대다수 청중에게도 현대음악은 이해받지 못하고 배척당했다. 그러나 이 현대음악 언어 내에서도 차이가 있었는데, 미국 음악가와 엘리트 청중이 좋아하는 신고전주의 경향의 음악(힌데미트나 불랑제의 음악)과 달리 번역이 필요할 정도로 낯선 쇤베르크의 음악은 제대로 이해받지 못했고 인정도 받지 못했다.

ㄴ. 생존 수단 영화음악—할리우드를 휩쓴 망명 음악인들

대중음악에 종사하는 대다수의 유능한 음악가들은 이미
나치 집권 초기부터 큰 어려움 없이 할리우드 영화음악계에
진출하여 성공을 거두었다. 따라서 대부분의 대중음악가 특
히 영화음악가들이 희망을 품고 거대한 영화 산업이 형성되
어 있는 미국을 망명지로 선택했다는 사실은 당연해 보인다.
물론 할리우드처럼 대규모는 아니지만 나름대로 영화 제작
이 활발했던 프랑스(장 르누아르Jean Renoir, 자크 페데르Jacques
Feyder, 자크 프레베르Jacques Prévert와 같은 감독을 생각해보라!)
도 망명 음악가들에게 매력적인 나라였으나 제2차 세계대전
이 터진 후에는 미국이 독보적인 망명국으로 떠올랐다.

물론 영화음악을 쓴 대다수 음악가가 할리우드에서 성공
했다는 것은 아니다. 사실 실패하는 경우가 훨씬 더 많았다.
그럼에도 예술음악가들보다는 상대적으로 많은 수의 영화
음악 작곡가가 미국 사회의 관심을 받았으며, 영향력 면에서
도 예술음악가들과 비교가 되지 않을 정도로 컸다. 먼저 영
화라는 매체 자체의 영향력이 컸기 때문일 것이다. 유럽에서
탄탄한 예술음악 훈련을 받았고 또 영화 제작 경험이 있는
막스 슈타이 Max Steiner, 프란츠 왁스먼Franz Waxmann(원래 독
일 이름은 박스만Waxmann), 한스 잘터Hans Salter, 에리히 코른

골트Erich Wolfgang Korngold와 같은 오스트리아 출신의 음악가들은 할리우드 영화음악계를 주도하기까지 했다.

앞에서 대중음악가의 망명을 다루지 않았으므로 여기서 잠시 이들의 상황을 구체적으로 살펴보자(영화 〈킹콩King Kong〉(1933)의 음악을 작곡해 할리우드 영화음악의 전형을 만들어낸 슈타이너는 이미 1914년에 미국으로 건너갔으므로 망명인이라 보기 힘들다. 여기서 서술을 생략한다).

영화 〈레베카Rebecca〉(1940), 〈지킬 박사와 하이드 씨Dr. Jekyll And Mr. Hyde〉(1941)의 영화음악을 써서 두 번 연속 오스카상[24]을 탔던 프란츠 왁스먼도 유대인이었다. 1934년 초 베를린의 거리에서 나치들에게 습격을 당한 그는 이 끔찍한 경험 후 바로 독일을 떠나 파리로 간다. 프랑스에서 일하던 중 이미 할리우드로 건 간 독일의 대표적 영화사 우파UFA 동료들로부터 작업 제안을 받고, 1935년 할리우드에서 〈프랑켄슈타인의 신부The bride of Frankenstein〉의 음악을 작곡한다. 그 후 왁스먼은 슈타이 , 코른골트, 헝가리 망명인 미클로스 로저, 러시아인 디미트리 티옴킨Dimitri Tiomkin과 함께 '할리우드 최고 5인Hollywood Top Five'에 속할 정도로 인정받는다(전쟁이 끝난 후에 그는 유럽으로 돌아가지 않고 1967년 LA에서 죽기 전까지 영화음악 작곡 외에도 클래식음악 연주에도 힘을 쏟는다).

왁스먼처럼 유럽에서 어느 정도 영화음악을 경험한 후 할리우드로 와 크게 성공한 경우로 한스 잘터를 들 수 있다. 빈 출신이었던 잘터도 왁스먼처럼 베를린의 우파 영화사에서 일하다가 1933년 나치의 집권으로 일자리를 잃고 다시 빈으로 간다. 결국 1937년 뉴욕으로 망명한 후 할리우드에서 〈프랑켄슈타인〉, 〈드라큘라〉, 〈셜록 홈즈〉 등의 영화음악으로 유명해진다. 그도 왁스먼처럼 전쟁이 끝난 후에도 유럽으로 돌아가지 않고 1994년 미국에서 98세의 나이로 세상을 떠난다.

같은 빈 출신이지만 영화음악가로서 좀 특이한 경우가 에리히 코른골트이다. 그는 이미 유럽에서 '천재 소년'이라 불리며 오페라, 오페레타 영역에서 세계적으로 알려진 작곡가였다. 이런 명성 때문에 1935년 한 해 영화음악을 두 편 정도, 그것도 자신이 영화를 선택할 권리까지 얻는 파격적인 대우로 워너 브라더스의 전속 영화음악가로 계약을 맺은 후 할리우드에 머문다. 그러나 코른골트는 왁스먼이나 잘터와 달리 전쟁이 끝난 후 1950년 미국을 떠나 빈으로 돌아가서 원래 자신의 전공인 예술음악을 다시 시작하고자 했다. 이 같은 귀국은 유명 영화음악 망명인으로서는 드문 경우이다.

코른골트는 〈로빈 후드〉 영화음악으로 명성이 치솟고 또 왁스먼처럼 '할리우드 최고 5인'에 속했지만 음악적으로는 내심 만족하지 못했던 것 같다. 원래 예술음악을 연주하던 많은 연주가들이 낮에는 생계를 위해 할리우드 영화 스튜디

오에서 오케스트라 단원으로 영화음악을 연주하고, 밤에는 교회와 회교당 또는 연주홀에서 망명 음악가들과 함께 모여 예술음악을 연주했는데, 아마 코른골트 또한 이들과 같은 심정이었던 것 같다. 그러한 예술음악에 대한 갈망은 일회용의 소비음악을 만드는 데 대한 일종의 죄책감을 씻고자 하는 욕구의 표현이었던 것이다. 그러나 기대했던 것과 다르게 빈으로 돌아온 코른골트는 이전의 명성을 되찾지 못했다(제4장을 참조하라).

ㄷ. 예술음악가들의 도전과 실패, 망명 문학가의 더 깊은 고민

당시 다수의 무명 음악가들은 대학에서 자리를 얻는 것마저 쉽지 않았고, 영화음악을 작곡할 기회조차 얻을 수 없었다.[25] 그나마 파울 데사우Paul Dessau[26]는 동료들의 도움으로 영화음악을 가끔(대타로) 작곡할 기회를 얻었던 경우에 속한다. 그러나 그가 처음 미국에 도착했을 때에는 미국의 한 농가에서 닭을 치기도 하고 유치원에서 아이들에게 노래를 가르치며 살아갈 수밖에 없었다. 이처럼 이름 없는 수많은 예술음악가들은 대학은커녕 음악과 전혀 상관없는 일을 하는 경우가 많았다. 개인 레슨, 악보 교정 일들은 그래도 나은 편이었다. 그러니 할리우드 주변은 한몫 잡아 성공하고자 하는 망명인들로 북적거릴 수밖에 없었다.

망명 음악가에게 할리우드에서 영화음악을 쓸 수 있다는 것은 땅에서 금을 캐는 것과 같았다. 그래서 이전에 예술음악 작곡가였든 대중음악 작곡가였든 상관없이 누구나 이곳에서 행운을 찾기 위해 온갖 노력을 기울였다. 그러나 실제로 황금의 땅 할리우드에서 성공하는 사람은 적었다. 이것은 대학 교수직을 겸하고 있었던 음악가의 경우도 마찬가지였다. 대학의 보수가 그리 높지 않았으므로 누구나 영화음악에 도전해보는 것이 당연한 일이었다. 스트라빈스키, 쇤베르크 같은 음악가들도 시도했을 정도로 망명 음악가에게 영화음악은 경제적으로 매력적인 장르로 부각되었다. 그러나 이전에 영화음악을 작곡해본 경험이 없었던 음악가들에게는 그림의 떡인 경우가 많았다. 영화음악 분야에서는 고도의 예술적 테크닉만큼이나 다른 여러 가지 요소들(감독의 동의를 얻어낼 수 있는 설득력, 영상매체에 대한 이해력과 실용음악적인 태도 등)이 큰 비중을 차지했으므로 이들 대가의 시도는 자주 허사로 돌아갔다.[27]

할리우드에서 성공하지 못한 예술가들이 어디 음악가뿐이랴. 언어를 매체로 작업하는 문학가들의 경우는 더욱 심각했다. 이곳에서 쓴 고배를 마셨던 수많은 망명인들 가운데 한 사람이었던 작가 브레히트는 〈할리우드 비가(悲歌)Hollywooder Elegien〉에서 다음과 같이 당시의 상황을 묘사하고 있다.

매일 아침 밥벌이를 위하여

장터로 가네, 거짓을 사주는 곳으로.

희망을 품고

나도 장사꾼들 사이에 끼어드네.

할리우드 시(市)는 나에게 가르쳐주었네.

한 도시가 천국이며

동시에 지옥이 될 수 있음을. 가진 것이 없는 자에겐

천국이 바로 지옥이라네.28

 거짓을 팔아서라도 생존해야 하는 가진 것 없는 예술가에게는 천국과 같은 도시가 지옥과 다르지 않다는 비참함이 이 짧고 평범해 보이는 4행 시(詩) 속에 박제되어 있다.

 모국어를 바탕으로 작업하는 문학가들에게는 언어의 장벽 때문에 음악가와는 비교가 안 될 정도로 소수에게만 대학 교수직의 문이 열렸다. 예를 든다면 겨우 토마스 만을 들 수 있을 정도다. 대학교수뿐만 아니라 영화나 뮤지컬 대본, 연극을 쓰는 것 역시 언어의 문제가 중요한 요소로 작용했기 때문에 예술가로서 또한 인간으로서 느끼는 좌절감과 모욕감은 음악가보다 훨씬 심했을 것이다. 망명 작가 알프레트 되블린Alfred Döblin은

모국어를 떠난다는 것? 그것은 살거죽을 벗겨내는 것, 즉 내장을 들어
내는 것보다, 그리고 자살하는 것보다 더한 짓이었다. 그래서 여전히 목
숨을 이어가고, 먹고 마시며 웃었어도, 우리는 살아 있는 시체에 불과했
다.[29]

라고 망명 작가들의 고충을 절실하게 표현하고 있다. 언어가
다른 외국에서 작가로서의 존재를 스스로 부정할 수밖에 없
는 상황은 음악가들의 어려움과는 차원을 달리하고 있었음
을 엿볼 수 있다.

4. 작품세계의 변화

지금까지 망명의 외적 조건들을 살펴보면 "다른 나라에 망
명하여 사는 모든 지성인은 예외 없이 상처 입은 사람"[30]이
라는 아도르노의 확신이 손에 잡힐 듯 다가온다. 성공하지
못한 예술인은 말할 것도 없고 또 외적으로 성공한 경우라
해도 그것이 반드시 예술적 만족도와 일치하는 것은 아니었
다. 그러니 외적 상황과 경제적 측면만으로 망명과 음악의
특수한 관계를 설명하는 것은 충분하지 않다. 망명이라는 변
화가 음악에 질적으로 어떤 영향을 미쳤는지 알아볼 필요가
있다. 이제 이 쉽지 않은 작업을 위해 쇤베르크의 작품 〈바르

샤바의 생존자A Survivor from Warsaw〉와 아이슬러의 〈할리우드 노래집Hollywooder Liederbuch〉을 선택해 살펴보자. 이 곡들을 선택한 이유는 예술지상주의적 세계관을 가진 쇤베르크가 〈바르샤바의 생존자〉와 같은 정치적 메시지를 담은 작품을 쓰게 된 것은 분명 두드러지는 변화이기 때문이다. 또 '음악의 힘으로 세상을 변화'시키고자 한 아이슬러가 미국 망명에서 매우 주관적인 경향의 〈할리우드 노래집〉을 쓴 것도 변화로 (중도적 입장의 음악가에 비해 상대적으로) 쉽게 포착되기 때문이다.

(1) 예술지상주의의 대표자—아르놀트 쇤베르크

앞에서도 이미 어느 정도 언급했지만, 쇤베르크는 12음 음악이라는 획기적인 음악 기법을 창안하여 20세기 음악사의 방향을 제시한 역사적 인물이다. 망명 시기에 나타나는 작품의 변화를 서술하기에 앞서 그의 미국 망명 생활을 좀 더 구체적으로 살펴보자.

ㄱ. 미국 망명 생활에서의 타협과 변화

미국에서 망명 생활을 한다는 것은, 그리고 살아남는다는 것은 정도의 차이는 있겠지만 곧 타협을 의미하기도 했다. 쇤베르크도 1935년, 유명한 피아니스트 에두아르트 슈토이어만Eduard Steuermann의 누이였던 영화 대본 작가 잘카 피어

텔Salka Viertel의 주선으로 펄벅의 소설을 영화로 만든 〈대지〉의 영화음악을 위해 MGM영화사와 교섭한 적이 있다.

이때 쇤베르크는 자신이 작곡한 음조와 음높이 그대로 배우들이 대사를 말할 것과 사운드 트랙의 완전한 통제권을 요구했으며 동시에 5만 달러의 높은 보수를 요구했다. 영화 사업이 어떻게 이루어지는지를 조금이라도 아는 사람이라면 이러한 요구가 받아들여지기 힘들다는 것을 쉽게 추측할 수 있을 것이다. 결국 이 프로젝트는 쇤베르크의 높은 음악적·재정적 요구로 인해 수포로 돌아가고 말았다. 그는 영화음악을 쓸 정도의 타협은 보였지만, 그의 타협은 실제적이지 못했다.

당시 아직 영화가 어떤 예술이 될지 아무도 알 수 없는 상황에서 그는 "작곡이란 곧 한 테마의 미래를 바라보는 일"[31]이라고 영화음악의 미래까지 내다보며 작곡할 준비가 되어 있었다. 그러나 이러한 작곡가로서 원칙은 당장의 경제성이 무엇보다 중요한 영화 산업과는 합의가 어려웠다. 쇤베르크가 이 프로젝트를 완수했다면 어쩌면 영화음악의 완전히 새로운 형태를 제시할 수 있었을지도 모른다. 그러나 이런 기회는 아쉽게도 무산되었고 새로운 기회는 영영 오지 않았다. 이 사건은 쇤베르크가 경제적으로 어려운 상황에 있었지만 자신의 예술적 자아가 위협받지 않는 범위 내에서만 미국 생활에 적응하고 타협할 자세가 되어 있었다는 사실을 잘 보여준다.

쇤베르크가 망명 이후 어떻게 변했는지를 보여주는 또 다른 예를 보자. 1934년 유럽에서 망명 중이던 제자 아이슬러가 모스크바에 음악 아카데미가 설립될 계획이 있다는 소식을 듣고 스승 쇤베르크에게 알려주었다.[32] 놀라운 것은 정치적으로 보수적이었던 쇤베르크가 아이슬러의 제안을 받아들여 공산주의 소련에서 일할 생각까지 하고 아카데미 설립 계획서를 작성했다는 것이다. 하지만 이 시도는 1930년대 중반부터 점점 보수화돼가던 소련의 문화 정책으로 수포로 돌아갔다. 소련은 서구적 아방가르드 예술을 모두 '형식주의'로 몰아붙이고 비판했으므로 쇤베르크와 같은 예술지상주의자가 설 땅은 없었던 것이다. 그럼에도 이 사건은 '적의 적이 곧 친구'가 될 수 있었던 망명 생활의 한 단면을 보여준다. 뿐만 아니라 생존과 직업을 위해 공산주의 국가도 마다하지 않는 쇤베르크의 처지를 잘 나타내준다 하겠다. 물론 그렇다고 쇤베르크의 보수적인 정치관이 완전히 바뀌었다는 말은 아니다.[33]

ㄴ. 〈바르샤바의 생존자〉

이처럼 망명 생활은 쇤베르크의 타고난 태도와 성격을 완전히 바꾸지는 못했지만 부분적으로는 영향을 미쳤던 것 같다. 18년 동안의 망명이 작품 세계에 미친 은밀한 영향은 망명 초기보다 후기에 더 잘 나타난다. 이것을 가장 뚜렷이 보여주는 작품이 바로 1947년[34]에 작곡한 〈바르샤바의 생존자〉이다.[35]

1920년대 그의 제자 베르크가 오페라 〈보체크〉를 썼을 때 쇤베르크는 "음악은 장병의 하속(下屬) 나부랭이보다 차라리 천사를 표현하는 데 더 신경을 써야 한다"[36]고 비판한 적이 있었다. 물론 이러한 쇤베르크의 비판이 베르크의 성공에 대한 시기심에서 나온 것이라고도 볼 수 있으나 평소 음악은 정치나 사회적인 문제와 관계가 없다고 보는 쇤베르크의 견해가 그대로 반영된 것임은 부인할 수 없다. 그런데 이러한 쇤베르크가 장병과 군인이 등장하고, 잔인한 학살을 다룬 〈바르샤바의 생존자〉를 작곡한 것은 놀라운 일이다.

쇤베르크가 이 작품을 쓰게 된 외적 동기는 쿠세비츠키 음악재단의 위탁 때문이었다. 그러나 이러한 외적 동기만으로는 나치의 상상하기조차 끔찍한 유대인 학살을 테마로 작곡한 것을 설명하기에는 충분하지 않다. 쇤베르크는 인간을 마치 소돼지 떼처럼 다루며 외치는 나치 군인의 "1분 안에 몇 놈이나 가스실에 보낼 수 있는지 알아야겠어!"라는 형언하기 힘든 잔악상을 어떻게 작곡할 수 있었을까? 당시 쇤베르크는 유럽을 떠나지 못하고 살해된 친지의 소식을 듣고 감정적인 충격이 심했을 것이 분명하다. 감정적으로 격앙된 상태에서 이러한 작품을 쓴다는 것은 상식적으로 생각해볼 때 거의 불가능한 일이다. 그럼에도 유대인 학살을 소재로 한 작품을 냉정하게 쓸 수 있었던 것은 자신의 아픈 감정을 어느 정도 극복하고 유대인 작곡가로서 참여 의식 혹은 사명감을 더 중요하게 여겼기 때문이라 할 수 있다.

주제뿐 아니라 음악적인 면에서 일어난 변화를 설명하기 위해 작품의 구조와 기법에 대해 잠시 언급해보자. 이 작품은 크게 두 부분으로 나뉘었는데, 첫 부분은 살아남은 자인 '나'가 다른 유대인처럼 가스실로 수송되기 위해 집합 장소에 있었으나 나치군의 총개머리판에 맞아 정신을 잃고 쓰러진 것이 죽은 것으로 여겨져 오히려 살아남게 되었다는 내용이다. 영어로 된 텍스트의 첫 부분은 다음과 같다(게토 독일군의 고함은 독일어로 되어 있고, "모두 죽었습니다"만 예외로 영어로 되어 있다).[37]

나는 모든 것을 기억하지 못한다. 거의 대부분의 시간을 정신을 잃고 있었던 것 같다. 내가 기억하는 것은 단지 그 위대한 순간뿐이다——모두 약속이나 한 듯 오랫동안 소홀히 했던 옛 기도를 부르기 시작했다——잃어버린 신앙이었다!

어떻게 해서 내가 바르샤바의 하수관에서 그 오랜 시간을 견딜 수 있었는지 아무리 생각해도 이해하기 힘들다.

그날도 다른 날과 똑같이 시작했다. 동트기 전의 기상. 그들이 자고 있든, 근심걱정으로 밤을 뜬눈으로 지새웠든 상관없이 밖으로 나가야 했다. 아이들과 부인 그리고 부모로부터 분리되었으니 그들에게 어떤 일이 일어났는지 알지 못했다. 그런데 당신들은 어떻게 잠을 잘 수 있단 말인가?

그들은 서로 소리쳤다. '밖으로 나와. 하사관이 화내겠다.' 그들은 밖으로 나왔다. 늙은이와 병자들은 천천히 나왔고, 빠른 걸음으로 나오는 사람들도 있었다. 병장에 대한 두려움으로 모두들 최선을 다해 걸음을 옮겼다. 그러나 소용없었다! 엄청난 소음! 정신없이 분주한 움직임, 하지만 아무리 그래봐야 소용없었다!

하사관이 고함쳤다. '정신 집중! 꼼짝 말고 섯! 야, 날 새겠다. 아니면 내가 총개머리로 도와줄까? 그래 좋구먼. 너희들이 그렇게도 원한다면 말이야!'(독일어)

하사관과 그의 졸병들이 수용인들을 마구 때렸다. 젊었거나 늙었거나, 강자든 약자든 상관없이 그리고 잘못이 있건 없건 가리지 않고 때렸다——울부짖는 소리와 신음소리가 듣기에도 끔찍했다.

나는 몹시 얻어맞았지만——너무 맞아 쓰러졌으나 주위의 소리를 들을 수 있었다. 쓰러져 일어날 수 없는 우리 모두는 머리통을 얻어맞았다.

나는 아마도 정신을 잃었나 보다. 그리고 그다음 한 군인이 '모두 죽었습니다'(영어)라고 하는 소리와 우리를 치우라는 하사관의 명령을 들었을 뿐이었다.

나는——거의 의식을 잃은 채——가장자리에 누워 있었다. 주위가 아주 조용해졌다——두려움과 고통——그리고 하사관이 '점호!'(독일어)하며 명령하는 소리를 들었다.

그들은 천천히 그리고 불규칙적으로 하나, 둘, 셋, 넷 하며 번호를 세기 시작했다. '정신 집중' 하고 하사관이 다시 소리를 질렀다. '더 빨리! 다시 처음부터 시작! 1분 안에 몇 놈이나 가스실에 보낼 수 있는지 알아야겠어! 점호!'(독일어)

그들은 다시 하나, 둘, 셋, 넷 하며 세기 시작했다. 처음에는 느린 속도로 시작했으나 갈수록 점점 빨라져 마침내 야생마들의 거친 말굽 소리처럼 들릴 정도였다. 그러다 한꺼번에―――아주 갑자기, 그것도 도중에―――그들은 슈마 이스라엘을 찬송하기 시작했다.38

둘째 부분은 첫 부분과 바로 연결되는데, 처음에는 죽음에 대한 두려움과 공포에 떨며 점호하던 유대인들이 갑자기 한 마음이 되어 기도 "슈마 이스라엘Sh'ma Yisroel"을 히브리어로 합창한다.

이스라엘이여 들어라…내가 오늘 너에게 지시하는 것을 너는 마음에 담아두고 너의 아이들에게 가르칠지어다. 집에 앉아 있거나 길을 가거나, 눕거나 서거나, 아이들에게 이를 얘기할지어다.

가스실에서 곧 죽게 될 사람들이 아이들에게 메시지를 전달해야 한다는 위 기도문의 내용은 역설적이다. 그러나 이것은 나치의 학살도 유대인과 유대인의 신앙을 말살시키지 못한다는 강한 믿음으로 읽힐 수 있다.

음악적 언어도 첫 부분은 이른바 무조음악으로 되어 있고 두 번째 합창 부분은 12음 음악으로 되어 있다. 특히 구원의 기도를 12음 음악으로 작곡한 것은 매우 의미심장하다. 나치들은 12음 음악을 '유대적'인 것으로 보고 (독일 음악에 해가 되는) 독버섯처럼 없애버려야 할 것으로 박해했다. 쇤베르크는 이에 대항하려는 듯 오히려 12음 음악을 나치 학살에 대항하는 '저항의 음악'으로 또는 신앙과 일치되는 '구원의 음악'으로, 음악 외적인 의미를 부여하고 있다.

조성 음악 특히 장조로 된 음악을 '독일적'인 것으로 보는 나치들에 대항하려면 음악 재료부터 대립되는 12음 음악을 사용하는 것이 더 효과적일 것이다. 나치들을 고발하면서 그들이 옹호하는 재료를 쓴다면 시작부터 불리한 게임이 될 것이기 때문이다. 이러한 의도는 합창의 첫 멜로디에서 잘 나타난다. 마치 '자, 보시오. 이것은 12음 기법으로 되어 있습니다'라고 크게 외치려는 듯, 12음 기본음들을 조리도 하지 않은 채 날것으로 그대로 나열해놓고 있기 때문이다. 쇤베르크가 그의 작품에서 이런 식으로 12음 기본음렬을 제시하는 경우는 드물다. 나치의 잔악상을 잊지 말고 "아이들에게 가르칠지어다"라고 하는 이 대목은 동시에 12음 음악도 잊지 말 것을 함께 부탁하는 듯하다. 12음 기법이 여기서는 음악 외적인 의미, 즉 저항적 의미를 가지는데, 망명 이전 쇤베르크에게서는 찾아보기 힘든 점이다.

ㄷ. 정치적인 음악은 음악의 질적 저하를 초래한다?

쇤베르크의 망명 작품 중 정치적 경향을 나타내는 또 다른 작품으로 〈나폴레옹 송가Ode to Napoleon〉(1942)도 있다. 이 작품의 원 텍스트는 바이런이 나폴레옹에 대해 비판한 시 〈나폴레옹 송가〉다. 쇤베르크는 나폴레옹이라는 독재자에 빗대어 우회적으로 히틀러를 고발하고자 한 것이다.

망명 후 천식이 더욱 악화되어 건강이 좋지 않았던 쇤베르크는 거의 1년에 한 편 정도의 음악을 작곡했다. 이러한 그의 창작 상태를 생각하면 〈바르샤바의 생존자〉와 〈나폴레옹 송가〉는 단순히 별개의 작품으로 보기 힘들다. 히틀러의 위협과 전쟁 그리고 망명이라는 사회적 조건이 비정치적인 작곡가에게도 단편적이나마 흔적을 남긴 것으로 보인다. '예술을 위한 예술'관이 너무나 확고했던 쇤베르크이므로 이러한 변화가 더욱 두드러진다.

그러나 독일 음악학자 카를 달하우스Carl Dahlhaus는 〈바르샤바의 생존자〉를 "정치적인 기능을 가진 음악이 아니라 개인적(주관적)인 참여음악"이라고 주장한다.[39] '정치적인 노래는 혐오스러운 것'이라는 괴테의 주장은 오랫동안 정석(定石)으로 받아들여져 왔는데, 이러한 견해를 음악학자 달하우스도 계승하고 있다.

그러나 1933년 이후 유대인 문제가 히틀러 정부에 의해 개인적인 차원을 넘어서 정치화되고, 유대인 학살이 정치적인 문제가 되는 역사적 배경을 감안한다면 이 주장은 한계를 가질 수밖에 없다. 달하우스의 주장과 달리 〈바르샤바의 생존자〉는 오히려 정치성과 예술성이 물과 기름처럼 서로 어울릴 수 없다는 논리의 허구성을 찌르는 대표적인 작품으로 강조되어야 할 것이다. 물론 하나의 음악작품의 음악 외적인 목적성은 곧 예술성의 저하를 의미한다는 편견이 일반적으로 팽배해 있고 이러한 의견을 뒷받침할 수 있는 예는 얼마든지 있다. 그러나 〈바르샤바의 생존자〉 외에도 아이슬러가 브레히트의 텍스트를 기초로 작곡한 〈독일교향곡Die deutsche Sinfonie〉이나, 안나 제거스Anna Seghers(독일 여류 작가, 전후에 동독으로 감)의 망명 소설《제7의 십자가Der siebte Kreuz》를 텍스트로 삼은 한스 베르너 헨체Hans Werner Henze의 〈9번 교향곡 Die neunte Symphonie〉(1997년 베를린에서 초연)이 존재함은 정치적 예술품의 가능성을 보여준다. 이 예는 역사와 사회에 대한 예술가의 책임감이 예술적 차원에서 형상화될 수 있음을, 또 그렇게 되어야 함을 시사해준다.

ㄹ. 기억의 미학

다시 〈바르샤바의 생존자〉의 마지막 합창 부분으로 돌아가자. 아도르노는 이 부분에 대해 "예술적인 형상화 원칙과 환희에 찬 합창은 상상조차 하기 힘든 운명에 무슨 의미라도 있었다는 듯 보이게 한다⋯이 자체가 희생자들에게 부당한 것이다"라고 비판했다.[40] 실제로 유대인 수용소의 고난과 핍박을 표현하는 것은 "대서양 자체를 한 방울도 남기지 않고 마시는 것과 지구를 포옹하는 것"처럼 힘들다고 폴란드의 게토 로츠의 한 무명 유대인 포로가 1944년 일기에 기록하고 있다.[41]

또 이미 잘 알려진 아도르노의 유명한 말처럼 "아우슈비츠에 대해(이후에) 시를 쓴다는 것은 야만적이다"[42]라고 할 정도로 나치의 범죄는 표현의 영역을 넘어서는 것도 사실이다. 예술적으로 형상화될 때 나치의 범죄가 상대화될 위험과 한계점은 아도르노의 비판처럼 분명히 지적되어야 할 것이다.

그럼에도 60여 년이 지난 오늘날, 증인들도 사라지고 사람들의 기억 속에서 점차 잊혀져가고 있는 나치의 잔인한 범죄상을 간접적으로나마 생생하게 재생할 수 있는 것은 아마도 예술이 아니고서는 힘들 것이다. 좋은 예로 로베르토 베니니 Roberto Benigni의 영화 〈인생은 아름다워La Vita E Bella〉(1999)가 생각난다. 이 영화는 이탈리아의 나치 수용소에서 유대인들이 학살되는 내용을 코미디 형식으로 보여준다. 특히 수용소에 관한 역사적 사실들을 왜곡하고 있는 것도 특별하다. 이것이 의도된 것이기에 더욱 그렇다. 영화는 나치가 이탈리아 유대인들을 가스실에 넣어 학살하는 내용을 보여주지만 실상 이탈리아에는 유대인을 죽이는 가스실이 없었다. 그러나 이러한 사소한 사실이 중요한 것은 아니다. 더 중요한 것은 이해하기 힘든 인간 학살의 역사적 사실과 희생자들이 겪었던 고통을 관객에게 효과적으로 전달하는 것에 있다. 관객이 이 믿기 힘든 사실을 거부감 없이 마음을 열고 받아들일 수 있는 것은 어쩌면 영화라는 예술이기에 가능했을 것이다.

이 영화와 달리 처음부터 날카로운 금속성의 트럼펫 소리로 잔인하고 끔찍한 감정을 불러일으키는 〈바르샤바의 생존자〉에서 대중적 효과를 기대하기는 힘들다. 그럼에도 이 작품은 음악의 힘으로 나치의 잔악상을 폭로하고, 오늘날 청중이 당시의 경험을 감각적으로 체험하고 기억하게 만든다는 의미에서 높이 평가해야 할 것이다. 기억하게 하는 것 자체가 중요한 잣대가 되는 '기억의 미학'이라는 관점에서 〈바르샤바의 생존자〉의 가치는 빛난다. 오늘날 이 끔찍한 역사를 기억하는 것 자체가 저항의 의미를 가지기 때문이다.

(2) 참여음악의 대표자—한스 아이슬러

모순적으로 보일 수도 있겠지만, 우리에게 1980년대 학생운동과 민주화 운동의 영향으로 조금 소개가 된 아이슬러는 보수 진영의 대표자인 쇤베르크의 제자이다(먼저 스승과 제자의 특이한 관계를 살펴볼 것이다). 처음부터 미국으로 망명한 쇤베르크와 달리 아이슬러는 유럽 망명과 미국 망명이 다른 양상을 보이므로 나누어 얘기해보도록 하자. 유럽 망명에서는 12음 기법 사용이 중심을 이루고, 미국 망명에서는 아도

르노와 함께 쓴 《영화를 위한 작곡*Composing for the Film*》과 서정
가곡 〈할리우드 노래집〉이 큰 비중을 차지한다.

ㄱ. 쇤베르크와 아이슬러의 관계

사실 아이슬러는 자신을 훌륭한 음악가로 만들어준 스승
쇤베르크를 일생 동안 존경하면서도 동시에 비판했다.[43] 음
악에 관한 한 쇤베르크와 아이슬러는 서로를 인정했다. 아이
슬러는 쇤베르크를 20세기의 대표적인 작곡가로서뿐만 아
니라 음악사에 길이 남을 역사적 인물로 존경했고, 쇤베르크
는 자신의 수많은 제자 중에 베베른과 베르크, 그리고 아이
슬러를 최고의 제자로 손꼽았다(힌데미트나 크셰넥에 못지않
은 음악가임에도 불구하고 아이슬러의 이름이 마르크스주의자라
는 이유로 서구 음악사에서 오랫동안 무시되었던 것은 예술과 학문
역시 정치와 이데올로기의 영향하에 놓여 있음을 보여준다).

그러나 아이슬러가 쇤베르크를 예술적인 측면뿐만 아니라
인간적인 측면에서도 존경했음을 언급하지 않을 수 없다. 쇤
베르크가 제자를 돌보는 자세는 오늘날 입시 위주로 학생들
을 레슨하고, 돈이 스승과 제자의 본질적인 연결고리가 되어
버린 우리의 풍토에서는 매우 드문 것이라 하겠다.

아이슬러는 3권의 《철학개념 사전*Wörterbuch der philosophischen
Begriffe*》과 《칸트 사전*Kant-Lexikon*》을 집필한 칸트 철학의 권위
자 루돌프 아이슬러Rudolf Eisler의 아들이었으나 아버지가 교

수직을 가지지 못하고 평생 대학 강사였던 이유로 궁핍한 성장기를 보내야 했다. 게다가 아버지가 일찍 죽자 무일푼이 된 아이슬러를 쇤베르크는 가르치는 동안 입혀주고 먹여주었다. 잘 가르치기로 소문이 나 제자들이 많았지만, 쇤베르크 역시 풍요로운 생활을 했던 것은 아니었다. 그래도 그는 재능 있는 가난한 학생들을 돕는 데 최선을 다했다. 이를 위해 그는 나름대로 전략을 세우기도 했다. 즉 레슨비를 학생들의 경제 사정에 따라 달리해서 받았던 것이다. 결과적으로 부유하고 여유가 있는 학생들이 수업료를 많이 내어 가난한 학생들의 학업을 후원하는 것이 되었다.

이처럼 빈부차를 감안한 수업료 개혁은 친구 아돌프 루스 Adolf Loos와 함께 고안한 것인데, 아주 작은 일에서 사회적 평등을 실천하는 행위였다. 이는 물론 쇤베르크가 사회적 책임감 때문에 의식적으로 행한 것은 아닐 터이다. 재능 있는 학생이 가난 때문에 음악을 포기하는 것은 학생이나 쇤베르크 자신에게나 큰 손해로 보였을 것이다. 여기서도 물질보다(또는 사소한 감정보다) 예술성과 재능을 더 중요하게 여기는 그의 성실성과 정직한 자세가 드러난다. 쇤베르크의 제자들 중에 아이슬러 외에도 랑클44이나 어빈 라츠Erwin Ratz 같은 가난한 마르크스주의자들이 꽤 있었던 것도 이상할 것이 없어 보인다. 또 그의 제자들이 모두 스승을 절대적으로 떠받들며 마치 '예수 그리스도와 12제자'와 비슷한 관계를 보였다는 소문도 수긍할 만하다.

그러나 이러한 부분적인 공감대에도 불구하고 '예술이라면 대중을 위한 것이 아니며, 대중을 위한 것이라면 예술이 아니다'라는 쇤베르크의 엘리트 예술관은 음악이 음악을 위해 존재하는 것이 아니고 사람을 위해, 사람에 의해 만들어졌다고 주장하는 아이슬러의 입장과 합의점을 찾기 어려웠다. 아이슬러는 스승이 음악적 천재임을 인정하면서도 그의 정치관은 '소시민적이고 끔찍스럽게 고루하다'고 비판했다. 특히 쇤베르크의 공산주의에 대한 혐오는 아이슬러와는 화해할 수 없는 점이었다. 젊고 의욕이 왕성했던 아이슬러는 스승의 음악에서 인간의 문제나 세상의 문제와는 아무 상관이 없는 '엘리트 음악'의 한계를 보았다. 결국 이러한 차이점을 안고 있었던 아이슬러는 1926년 스승과 결별하고 노동음악 운동에서 자신의 독자적인 길을 찾아나선다. 이후 망명인이라는 상황이 되어서야 스승과 제자가 다시 화해하게 된다.

ㄴ. 쇤베르크 음악을 재평가하는 유럽 망명(1933~1937)

앞에서 언급했듯이 전혀 예기치 못했던 망명은 아이슬러의 예술적 정체성을 한꺼번에 다시 생각해보게 했다. 그동안 노동음악 진영에서 활동해온 그에게 갑작스러운 상황 변화는 노동음악 진영과의 단절과 고립을 가져왔다. 이제 그는 한곳에 정착하지 않고 일거리에 따라 파리, 모스크바, 런던, 덴마크, 프라하, 스페인 등 "신발을 바꿔 신는 것보다 더 자주 나라를 바꿔"[45] 다니며 활동하게 되었다.

우선 이러한 상황에서 아이슬러는 여러 가지 새로운 음악적 시도를 하게 되는데, 쇤베르크의 경우보다 작품 변화가 훨씬 뚜렷하게 나타난다. 그중 가장 중요한 것은 노동 운동 시기에 멀리했던 12음 기법을 다시 사용하게 된 것이다. 이러한 변화의 동기는 미학적이고 정치적인 이유 때문인 듯하다.

망명이라는 상황은 스승이나 제자를 구별하지 않고 같은 처지로 내몰았다. 이미 언급했듯이 아이슬러는 무엇보다도 그의 정치성 때문에 나치에게 생명의 위협을 받았지만, 정치적으로 보수적이었던 쇤베르크는 유대인에다 그의 '진보적인' 음악 때문에 독일에서 활약하기가 힘들게 된 차이가 있었다. 그런데 망명이라는 예기치 못한 새로운 상황에서 아이슬러는 스승의 음악을 새로운 각도에서 평가하기 시작했다. 즉 나치의 음악 정책이 쇤베르크 음악을 비롯한 현대음악을 배척하는 것을 유심히 관찰하고 나름대로 분석하게 된 것이다. 아이슬러에 따르면 나치들이 쇤베르크의 음악을 싫어하는 이유는 단순히 불협화음이 많고 듣기 싫어서가 아니라 "자본주의의 혼란한 상태를 미화시키지 않고 잘 나타내주며, 인간들 간의 서로 적대적인 관계를 속임 없이 표현"[46]해내고 있기 때문이라는 것이다. 이것은 쇤베르크의 음악이 문화산업에 말없이 저항하고 있다고 주장하는 아도르노의 생각과도 유사하다(아도르노와 아이슬러의 관계는 〈ㄹ. 아도르노와 아이슬러의 관계〉에서 더 자세히 서술하기로 한다).

결국 추함도 정직하게 드러내는 쇤베르크의 음악은, 사람들의 의식을 무디게 하고 모호한 감정에 사로잡히게 하여 '국민들을 속이려는' 나치의 의도에 맞지 않는다는 것이다. 아이슬러는 나치와 대결하고 있는 망명 중에 쇤베르크와 그의 12음 음악의 가치를 재발견하게 된 것이다.

한편 망명 생활에서 아이슬러의 정치적 목표는 변화할 수밖에 없었고 그 첫 목표는 히틀러의 멸망을 위한 투쟁이었다. 이러한 목표를 위해 그는 정치적·예술적 차이를 떠나 넓은 지반의 반파시즘 세력을 모아 '민중노선'을 형성하고자 노력했다. 이제 노동자뿐만 아니라 지식인, 예술인, 상업인, 정치인 등 문화적 지식인층에게도 호감을 줄 수 있는 음악이 필요했다. 정치성을 띠면서도 예술적으로 한층 수준을 높인 음악을 창출하는 데 12음 음악은 아주 적합해 보였다. 그러나 쇤베르크가 고안한 12음 기법은 너무 어렵고 복잡해서 수정이 필요했다. 그는 다양한 층의 청중이 이해하기 쉬운 단순하면서도 '새로운 12음 성악 스타일'을 창출하기 위해 주로 칸타타 형식을 빌려 실험했다. 1937년은 그에게 '칸타타의 해'라고 할 정도로 12음 칸타타를 많이 썼다.

아이슬러의 12음 기법 사용 방법을 쇤베르크의 12음 기법 원칙과 비교할 때 가장 큰 차이점은 화음에 있다. 아이슬러는 복잡한 쇤베르크의 12음 기법을 수정·보완하여 '협화음적으로 들리는 12음 음악'을 창출하고자 했다. 그러므로 아이슬러의 12음 음악은 중심음이 없다는 것 외에는 청중이 듣기에 조성 음악과 큰 차이가 없는 듯하고 동시에 일반적 조성 음악과는 어딘지 조금 다른 효과가 있다.

실제로 아이슬러의 12음 칸타타가 1937년 프라하에서 연주되었을 때 그 자리에 있었던 철학자 블로흐는 이러한 '탈주관화'(탈쇤베르크화)한 아이슬러의 12음 음악을 극찬했다. 정치적인 노래들은 예술적인 단순성 때문에 이미 지루해졌고, 쇤베르크의 음악처럼 실험적인 현대 음악은 너무 추상적이어서 그 시대의 (정치적으로) 진보적인 세력과 단절되었다. 이 문제점을 예술적으로 진보적이면서 동시에 정치적으로도 진보적인 노랫말을 가진 아이슬러의 12음 칸타타가 한꺼번에 해결했다는 것이다.[47]

ㄷ. 탈정치화 경향을 보이는 미국 망명

그래도 유럽 망명기에는 히틀러의 멸망에 대한 한 가닥 희망이 있었다. 하지만 1938년 미국으로 또다시 망명을 떠나는 2차 망명 시기에는 정치적인 희망보다 생존의 문제가 더욱 절박했다. 유럽에서는 망명 예술인들이 파리나 프라하에 모여 함께 정치적 결의도 하고 선언문도 발표하는 등 효과의 문제는 제쳐두고라도 독일 바깥에서 반파시즘 운동을 전개할 수 있었다.

그러나 미국에서의 상황은 전혀 달랐다. 아이슬러는 '위험한 망명인'으로 늘 FBI 요원의 보이지 않는 감시[48]를 받았기 때문에 미국 내에서 정치 단체와의 접촉이나 활동은 거의 불가능해졌다. 이제 친구 브레히트 외에 아이슬러가 만나고 대화를 나누는 사람들은 비정치적인 스승 쇤베르크나 토마스 만, 아도르노를 비롯한 프랑크푸르트학파 학자들과 같은 망명인뿐만 아니라 찰리 채플린Charles Chaplin, 연극배우 찰스 로턴Charles Laughton 등과 같은 영미 예술인들도 포함되었다.

아이슬러의 활동 범위는 유럽 망명에서는 정치·문화적 활동으로 넓고 분주했던 것과 달리 미국 망명에서는 사적인 영역으로 축소되었다. 유럽 망명 중에도 영화음악을 작곡했지만 할리우드가 있는 미국에서 영화음악이 가지는 의미는 남달랐다. 정치·문화적 활동이 금지되다시피 한 상황에서 영화음악은 이전과 다른 차원에서 중요한 활동으로 부각된다. 아이슬러는 당시 할리우드의 '최고 5인'에 속하지는 않았으나 수준 있는 '일류 영화음악 작곡가'로 인정받았다. 그래서 그는 '망명인에게는 하늘의 별 따기만큼 어렵다'는 록펠러 재단의 지원금을 받아 아도르노와 함께 영화음악 프로젝트를 실행할 수 있었다. 이 프로젝트는 1940년부터 1942년까지

지속되었고, 그 결과가 바로 1947년에 출판된《영화를 위한 작곡》이라는 책이다. 원래 프린스턴 대학에서 라디오 프로젝트를 맡았던 아도르노가 여러 가지 어려움 때문에 자신의 프로젝트를 중도에 포기하고 아이슬러가 팀장을 맡고 있던 영화음악 프로젝트에 참여하게 되면서 이 책을 공동으로 저술하게 되었다.[49] 아도르노와 아이슬러는 이 영화음악 프로젝트를 위해 2년 이상 매우 친밀한 관계에서 성공적으로 공동 작업을 했다.

ㄹ. 아도르노와 아이슬러의 관계

일반적으로는 아도르노와 아이슬러의 관계가 매우 적대적이었다는 추측이 우세하다. 게다가 이를 뒷받침하는 일화도 있는데, 철학자 블로흐가 1969년 7월 25일자 서독 신문 〈디차이트Die Zeit〉에 소개한 글을 인용하면 다음과 같다.

우아하게 냉담한 '부정주의자(否定主義者)' 아도르노가 한번은 아이슬러에게 우울한 기분이 되어 말하기를, 자신의 철학적 저서들이 '항상 같은 것'을 말하고 있으므로 이를 한 문장으로 압축하고 싶다고 했다고 한다. 그리고 이것을 종이에 쓴 후 병 속에 넣어 코르크로 막아, 그 유리병 우편을 멀리 바다로 던지고 싶다고 했다. 그러면 어느 날 [남태평양의] 피지 섬 사람이 이를 발견할지도 모른다는 것이다. 이에 아이슬러는 뻔뻔스럽게 물었다 한다. 대체 그 불쌍한 섬사람은 '나는 형이상학적인 혹평

가이다'라고 씌어 있는 종이로 무얼 하란 말인가라고.50

이 일화의 시간적 배경은 미국 망명 시기이고, 아도르노와 아이슬러가 이웃하며 살면서 자주 왕래하던 때의 이야기이다. 서로 친구인 관계에서 이런 얘기가 나올 정도였다면, 이들의 관계가 평소 얼마나 적대적이었는지 추측해볼 수 있을 것이다.

실제로 아도르노와 아이슬러는 그리 우호적인 관계가 아니었다. 물론 둘 다 20대 청년이던 1920년대에 아도르노(아이슬러보다 5세 연하)는 쇤베르크에게 인정받은 아이슬러의 음악적 재능을 높이 평가했다. 그러나 아이슬러가 쇤베르크를 떠나고 난 후 아도르노는 아이슬러의 음악적 미래에 대해 우려와 경고를 표명한다. 아도르노는 정치적·혁명적 의도 때문에 음악적으로 보수화(이 당시 아이슬러는 12음 기법을 포기함)되는 이 딜레마를 아이슬러가 어떻게 해결해나갈 것인지 무척 회의적으로 보았다.

그러나 아이슬러는 아도르노가 그렇게 절대적으로 여기는 12음 기법도 결국 역사적이고 사회적인 산물일 뿐이지 시간과 공간을 초월해 존재하는 절대적인 것이 아니라며 아도르노의 (12음 기법에 대한) 물신주의를 날카롭게 비판한다. 1932년에 있었던 이 격렬한 논쟁의 영향으로 서로 냉담한 관계가 된 두 사람은 유럽 망명 시절 교류가 끊어졌다.

그러나 1938년 아도르노도 아이슬러도 뉴욕으로 망명을 오게 된다. 이곳에서 만났을 때 그들은 다시 서로에게 친절한 태도를 보이는데, 그 계기가 된 것이 바로 영화음악 프로젝트였다.[51]

아도르노는 아이슬러뿐 아니라 브레히트와도 자주 만나게 되는데, 놀랍게도 1943년 브레히트의 〈프로파간다 시Zwei Propagandagedichte von Brecht〉를 피아노 반주의 가곡으로 작곡한다. 이 사실은 아도르노 연구에서 자주 도외시되었으나,[52] 미국 망명에서 나타나는 아도르노의 다른 측면을 잘 보여준다. 정치를 자신과는 무관한 것으로 항상 거리를 두었던 아도르노가 브레히트의 정치시를 작곡한 것은 이 시기에만 나타나는 현상이었다.

한편 아이슬러는 쇤베르크도 부러워했던 〈14가지 비에 관한 묘사Vierzehn Arten den Regen zu beschreiben〉와 같은 실내악의 작곡으로 노동음악 대신 아도르노가 호감을 가지는 예술음악의 방향에서 다시 두각을 나타냈다. 또 〈할리우드 노래집〉이라는 가곡들을 작곡하여 기회가 있을 때마다 독일 망명 예술가 친구들을 모아놓고 연주했다. 아도르노는 이 가곡집을 악보로 출판하게 되면 꼭 서문을 쓰게 해달라고 '애걸하듯 부탁'했을 정도로 이제 아이슬러와 아도르노는 허물없는 사이가 되었다. 물론 이 노래집은 미국에서 출판되지 못했다. "이런 음악은 가난할 때, 할 일이 없을 때 쓴다"라고 아이슬러가 말했듯이 실용주의적 경향이 지배적이던 미국 사회에서 출판되거나 연주되기는 힘들었던 것 같다.[53]

다시 위의 '유리병 우편 일화'로 돌아가서, 이 일화가 정말 아도르노와 아이슬러의 적대적 관계만을 주장하는지 다시 생각해보자. '유리병 우편 일화'를 자세히 뜯어보면 아도르노가 아이슬러에게 자신의 고민을 얘기했을 정도로 두 사람이 서로를 신뢰했다는 전제가 깔려 있다. 순전히 적대적이기만 한 관계였다면 이러한 대화는 불가능했을 것이다.

그러나 아도르노와 아이슬러의 친구 관계는 1946년 말까지만 지속된다. 이때 미국 정부의 좌파 색출 작업(매카시즘)이 기승을 부리면서 아이슬러가 독일 공산당 소속의 정치가였던 형(게르하르트 아이슬러Gerhard Eisler)과 함께 소련의 첩자이자 악의 화신으로 매스컴에 연일 보도되었기 때문이다. 당시는 아도르노 및 친구들마저 아이슬러를 피하고 싶을 정도로 공포 분위기가 만연했다. 물론 이런 분위기에도 불구하고 매일 법정으로 아이슬러를 데려다준 찰리 채플린의 행동은 극히 예외적인 것이었다. 그 후 아도르노는 서독으로, 아이슬러는 동독으로 귀국함으로써 그들은 남한 사람 대 북한 사람과 같은 관계가 되어버린다. 물론 국제회의에서 이들은 가끔 만나기는 했지만 서로 정치적인 얘기는 피하면서 조심스럽게 친구로서 예의만을 취하는 소원한 관계가 되었다.

ㅁ. 〈할리우드 노래집〉─상대적 주관화 현상과 독일 휴
　머니즘 전통의 계승

아이슬러와 아도르노의 관계 변화에서도 이미 암시되었듯
이 미국 망명 생활은 아이슬러에게 무시하기 힘든 흔적들을
남겼다. 이러한 변화를 잘 나타내는 작품이 바로 〈할리우드
노래집〉이다. 여기에 수록된 노래들은 영화 프로젝트도 끝
나고 미국에서 망명 시간이 점점 깊어지던 때인 1942년부터
1943년까지 작곡한 가곡들이다. 아이슬러는 이 노래집의 곡
들을 작곡하게 된 동기를 후에 다음과 같이 회고한다.

> 망명의 위대한 영감은…고통스러운 현실, 즉 12시간을 자신만을 바라
> 보아야 하는 망명인을 괴롭히는 무료함이었다. 그러나 그것은 [예술적
> 으로] 생산적인 힘이 되었다.54

괴테도 예술적 영감의 열 번째 여신이 '무료함'이라고 했
는데, 이 대가의 말을 아이슬러는 망명 생활을 통해 비로소
이해하게 되었다고 한다. 아이슬러는 일 하나가 끝나고 다음
일을 얻기까지 그다지 할 일이 없을 때면 망명의 무료함을
달래기 위해 저녁마다 가곡을 만들었다고 한다.

그러나 이러한 상황이 모든 망명 예술가에게 창조의 원동
력이 될 수는 없었을 것이다. 아이슬러도 인정하듯이, 미래
를 알 수 없는 불안한 시기에 미래에 대한 확신이 없었다면

망명의 지루함이 창작의 원동력이 되기는 힘들었을 것이다. 당시로서는 서랍 속에 넣어둘 수밖에 없는 작품들이 언젠가 한번 제대로 연주되리라는 확고한 믿음이 절대적으로 필요했다. 1942년에 쓴 작품이 1970년에 연주될지 2000년에 연주될지 모르지만, 긴 호흡을 가지고 작품을 쓰는 것은 결코 천재성이나 재능의 힘이 아니라고 아이슬러는 회고한다. 이 것은 자신에 대한 확신, 이 작품에 뭔가 중요한 것이 들어 있으므로 반드시 연주되리라는 믿음의 결과라는 것이다.

이 처절한 믿음은 음악가에게만 해당되는 것이 아니라 브레히트와 같은 작가에게도 마찬가지였다. 그는 어떤 출판사도 관심을 보이지 않는 자신의 망명 시(詩)가 아이슬러의 작곡으로 인해 "마치 드라마가 상연되는 것"[55]과 같은 효과를 가졌다며 흥분했다. 독자가 없는 상황이니 자신의 시가 가곡의 노랫말로 사용되는 것에 큰 의미를 부여할 수밖에 없는 현실이었다. 이렇듯 이때는 작가의 처지가 나은지 아니면 작곡가의 처지가 나은지 알 수 없을 정도로 어려운 시기였다.

실제로 〈할리우드 노래집〉의 가곡들은 40여 년이 지난 1980년대 말(아이슬러가 죽고 나서도 한참 후)에야 비로소 유명한 바리톤 가수 디트리히 피셔 디스카우Dietrich Fischer-Dieskau에 의해 유럽에 처음 알려지게 되었다.[56]

〈할리우드 노래집〉은 모두 49개의 독립적인 곡들로 되어 있다. 이것은 텍스트를 기준으로 볼 때 크게 4부분으로 이루어져 있다. 첫째, 망명 생활을 주제로 한 노래들과 둘째, 할리우드에 관해 비판적인 내용, 그리고 제2차 세계대전에 대한 내용과 독일 휴머니즘 전통에 대한 회고가 그것이다.

　마지막 부분의 곡들을 빼면 모두 브레히트의 시를 노랫말로 하고 있다. 망명을 주제로 한 시들과 할리우드에 관한 시들도 브레히트의 것이지만 정치성을 직접적으로 드러내지는 않는다. 제목도 〈자살에 관하여Über den Selbstmord〉, 〈도피 중Auf der Flucht〉, 〈호텔방 1942년Hotelzimmer 1942〉, 〈망명의 정경Die Landschaft des Exils〉, 〈할리우드 비가〉 등이다. 이러한 아이슬러의 곡 제목은 브레히트의 원제를 부분적으로 변형시킨 것인데, 원제보다 망명의 비참함이 더 강조되는 경향을 보인다. 브레히트 시의 원제 〈비참함 때문에Angesichts des Elends〉가 훨씬 자극적인 제목의 〈자살에 관하여〉라는 가곡으로 변한 것이 대표적인 예이다.

이런 나라, 이런 시기에는

삭막한 저녁이 있어선 아니 되리.

강 위의 높은 다리들,

밤과 새벽의 시간들,

그리고 긴 겨울,

이 모두 위험하지 않을 수 없으니.

이런 비참함으로

한순간에 사람들은

자신의 참을 수 없는 삶을

던져버리기 때문이리라.

— 〈자살에 관하여〉[57]

〈자살에 관하여〉는 전체적으로 아주 조용하고 느리며 매우 짧은(모두 19마디) 곡이다. 시작부터 아주 여리게 피아니시모(pp)로 연주되는 이 곡은 들리지 않을 정도로 나지막하게(pppp) 끝난다. 예외적으로 곡이 끝나기 바로 전 "던져버리기" 부분에서 대조적으로 아주 강하게(ff) 잠깐 세졌다가 곧바로 약해질 뿐이다. 모든 것이 숨 막힐 정도로 정적인 분위기를 띤다. 여기서 유일한 행동은 바로 "던져버리기"인데, 이부분의 음악은 마치 그림 속에서 주먹이 튀어나왔다 들어가듯 갑작스럽고 극적이다. 그러나 이것도 곧 늪과 같은 정적에 파묻혀 흔적도 없이 다시 내면으로 침잠해버리고 만다. 이런 유의 곡은 아이슬러의 이전 작품에서는 보기 힘든 낯선것이다.

그런데 더욱 흥미로운 것은 4번째 그룹의 가곡이다. 이것들은 독일 휴머니즘의 전통을 주제로 한 것으로 에두아르트 프리드리히 뫼리케Eduard Friedrich Mörike, 프리드리히 횔덜린Friedrich Hölderlin, 괴테, 요제프 폰 아이헨도르프Joseph von Eichendorff와 같은 독일 시인들의 시가 노랫말의 주류를 이루고 있다(고대 그리스 시인 아나크레온Anacreon의 시도 5곡 포함되어 있다). 다른 부분은 모두 망명과 전쟁이라는 당시 상황과 직접 관련이 있는 것인 데 비해, 이 부분은 당시 상황과는 아주 먼 과거의 시인들을 선택하여 노래하고 있어 대조적이다.

특히 그중에서도 가장 비중이 높은 것은 휠덜린의 시들이다. 히틀러가 지배하는 독일에서 휠덜린은 독일적인 시인으로 칭송되고, 나치는 그의 애국적인 시에 호응했다. 그 당시 독일에서는 젊은이들이 "조국을 위해 죽으리라"와 같은 휠덜린의 시구를 낭송하며 애국심에 넘쳐 자진해서 전쟁으로 뛰어들고 있었다. 이렇게 나치의 시인으로 오용되는 휠덜린의 시를 하필 아이슬러가 미국 망명에서 작곡하고자 한 것은 쉽게 납득되지 않는다. 그의 친구 브레히트도 처음에는 "어이 한스, 자네 굉장히 국수적이네그려"라고 말하며 이해하기 힘들어했다.[58]

그러나 아이슬러는 나치들의 국수주의적 휠덜린 읽기와는 다른 읽기 방법을 제시한다. 고향을 그리워하는 휠덜린의 시를 그대로 사용하는 것이 아니라 그가 필요한 대로 재구성하고 몽타주했다. 그러자 브레히트는 곧 아이슬러의 독창적인 휠덜린 읽기를 불필요한 깁스는 떼어내고 '정수(精髓) 휠덜린'만을 추출한 것이라며 긍정적으로 평가하게 된다. 그러므로 이것은 휠덜린의 시라기보다 '아이슬러화된 휠덜린 몽타주'라 부르는 것이 더 정확할 것이다.[59]

또한 아이슬러는 음악적 전통에 대해서도 관심을 보이고 있다. 특히 아이헨도르프의 텍스트에 부친 〈아이헨도르프와 슈만에의 회상Erinnerung an Eichendorff und Schumann〉[60]이라는 곡은 19세기 독일 가곡에 대한 아이슬러의 관심을 보여준다. 이 곡은 음악적으로 슈만의 가곡 〈달밤Mondnacht〉을 연상시키지만 슈만을 그대로 모방하기보다 오히려 슈만과 거리를 두려는 듯, 곡은 아주 짧고(1분 정도) 후주도 단숨에 끝난다. 이것은 직접적으로 전통에 관심을 보였으나 그것이 결코 19세기로 되돌아가자는 의미가 아님을 암시한다. 오히려 19세기 독일 음악의 유산을 어떻게 새롭게 보존할 수 있는지에 대한 물음을 던지는 듯하다. 이런 내용의 노래는 〈자살에 관하여〉처럼 아이슬러의 이전 작품 세계에서는 나타나지 않는 것이다. 유럽 망명 시절에도 볼 수 없었던 것으로 미국 망명에서 예술적 삶의 조건이 얼마나 크게 바뀌었는지를 암시하고 있다.

이 가곡집은 노랫말뿐 아니라 음악적 기법에서도 유럽 망명 시기의 작품과 다르다. 아이슬러는 유럽 망명 시기에 사용했던 12음 기법에서 다시 점차 멀어지는 경향을 보인다. 대신 조성 음악의 노래들이 많아진다. 물론 12음 사용이 부분적으로 있기는 하지만, 마치 인용하거나 몽타주하듯 사용하는 정도에 그친다.

유럽 망명 시기와 달리 이제 12음을 사용하든 조성을 사용하든 재료는 별로 중요하지 않았다. 각 재료를 어떻게 다루는가 하는 방법이 핵심 과제가 되었다. 즉 그는 조성을 사용하더라도 12음 기법에서 획득한 현대적 방법으로 쓰고 있었다. 이러한 아이슬러의 태도(음악 재료와 이를 다루는 방법을 분리하는 것)는 의미심장하다. 아도르노와 아이슬러가 함께 서술한《영화를 위한 작곡》에서뿐 아니라 아도르노의《신음악의 철학*Philosophie der neuen Musik*》(1947)에서도 이것이 언급돼 있기 때문이다.[61] 아이슬러와 아도르노의 상호 영향을 추측해볼 수 있는 부분이다.

결론적으로 이 노래집은 망명과 관련하여 중요한 사실들을 내포하고 있다. 이 노래들은 망명인의 처참한 내외 상황을 예술적으로 승화하고자 씌어졌다. 매우 사(私)적인 장르라 할 수 있는 '예술 가곡'을 선택한 것도 아이슬러의 이전 작품에서 보기 힘든 내면화 또는 주관화 경향을 나타낸다고 할 수 있다. 물론 내면화와 주관화 개념도 상대적인 의미에서 이해해야 할 것이다. 아이슬러가 19세기 낭만주의 예술 가곡을 그대로 계승한다는 말이 아니기 때문이다. 그의 가곡들은 서정성을 표현하되 작곡가의 개인적인 감정을 직접 나타내려 하지 않는다. 이것은 작곡가의 주관적인 감정이 적나라하게 표출되는 것이 미덕인 19세기 낭만주의 예술 가곡과 분명 구분되는 점이다.

물론 아이슬러는 망명 전인 1926년에도 신문 광고를 텍스트로 만든 가곡 〈신문조각Zeitungsausschnitte〉을 발표한 적이 있다. 그러나 이 연가곡은 예술가곡이라는 장르를 부정하는, 즉 서정 가곡이 불가능함을 역설하고 있다. 이제 미국 망명이라는 새로운 조건에서 아이슬러는 〈할리우드 노래집〉을 통해 서정 가곡의 가능성을 다시 조심스럽게 타진하고 있는 듯하다. 기존의 관습과 전통을 깨는 일이 중요했던 1920년대와는 전혀 다른 조건이 형성된 것이다. 전통이 파괴될 상황에 놓인 1940년대에는 전통을 구하는 일이 급선무였기 때문이다.[62] 한쪽에서는 전쟁으로 휴머니즘 전통이 황폐화되고 있고, 다른 한쪽에서는 미국의 거대한 문화산업에 의해 이 전통이 흔적도 없이 사라질 위기에 처해 있었다. 〈할리우드 노래집〉은 미국 망명에서 아이슬러의 위기의식을 반영하는 증언록으로 보아도 무방할 것이다.

5. 망명과 음악의 변증법적 관계

망명과 음악은 어떤 관계에 있는지 전체적으로 한번 정리해보자. 망명이라는 특수한 조건에 대한 음악인들의 반응은 매우 달랐다. 비정치적 성향의 음악가가 정치적 내용과 관련 있는 음악을 쓰고, 또 정치적인 성향의 음악가가 서정적 음악을 만드는 반대 현상이 나타났다. 그러나 이것은 겉으로 볼 때 반대 현상이지, 망명이라는 시련을 통해 각자가 이전에 소홀히 했던 측면을 보충하여 오히려 이들의 음악 세계가 풍부해졌다는 점에서는 일맥상통하는 현상이다. 하지만 그렇다고 해서 '이 현상을 어떤 사조나 특정 양식을 나타내는 의미의 '망명 음악'이라고 보기는 힘들다(이 책에서 사용하는 '망명 음악'이라는 용어는 두루뭉수리하게 '망명 시기에 탄생한 음악' 정도로밖에 이해할 수 없는 약점을 가지고 있는 것이 사실이다).

지금까지의 단편적인 서술에서도 알 수 있듯이, 망명 음악가들은 음악적·양식적으로 또는 예술관에 따라 구분할 근거를 찾기 힘들 정도로 다양한 사람들로 구성되어 있다. 유대인이라는 한 개인이 바꾸고 싶어도 바꿀 수 없는 '혈통'이 대체로 망명의 이유였기 때문이다. 그러니 망명 음악가들의 공통점을 굳이 찾으려면 히틀러를 미워하고 히틀러의 패망을 바란다는 매우 포괄적이고 감정적인 이유 정도에 불과할 것이다.

그러나 망명이 음악가들에게 미친 영향은 천차만별이었음에도 불구하고 크게 보면 쇤베르크와 아이슬러처럼 망명의 시련이 음악가 개인의 삶에는 많은 상처를 남겼지만 작품 세계는 풍부해진 경우가 있는 반면, 코른골트처럼 삶에는 득이 되었지만 작품 세계에는 오히려 불만족을 준 경우가 있었고, 또 수많은 무명 음악인들의 경우처럼 망명의 어려움이 삶과 작품 모두에 해가 되어 아예 창작을 포기하게 만드는 경우도 있었다.

이렇게 보면 "다른 나라에 망명하여 사는 모든 지성인은 예외 없이 상처 입은 사람"이라는 아도르노의 주장이 맞기도 하고 그렇지 않기도 하다. 다시 말해 자기 문화와 단절된 사실만으로도 문화 영역에서 활동하던 모든 망명인에게 내적·외적 어려움이 따랐다는 의미에서는 전적으로 동의할 수 있다. 그러나 이 말에는 망명에 대한 희생자의 시각이 너무 부각되어 자칫 망명의 '긍정적'인 측면이 간과될 위험도 있다. 망명의 시련이 삶과 예술에 깊이를 더해주는 긍정적인 역할도 했음을 부정한다면 이것은 반쪽 인식에 불과할 것이다.

물론 단순히 조상을 잘못 만났다는 이유로 부당하게 잊혀진 음악가들을 역사적 증인들이 사라지기 전에 발굴하고 알리는 작업은 망명 음악 연구의 급선무임에는 틀림없다. 그러나 이러한 양적 연구를 뒷받침하는 학문적 체계화가 이루어지려면 희생자의 시각과 긍정적(객관적) 시각의 두 가지 작업이 활발해져야 할 것이다.

실제로 외적으로 고단한 조건에서 창작된 망명 작품의 긍정적인 측면은 나치 정권하에 남았던 음악가들의 작품들과 비교해볼 때 극명한 대조를 보인다. 혼자 고립되어 공식적 활동을 거부했던 베베른과 카를 아마데우스 하르트만Karl Amadeus Hartmann을 제외하면 독일에 머문 음악가들의 작품들은(리하르트 슈트라우스Richard Strauss의 작품도) 큰 의미가 없다 해도 과언이 아니다.[63] 게다가 20세기 후반 음악계를 주도하는 사람은 망명 음악가들과 이들의 영향을 받은 미국과 프랑스 음악가들이었으니, 망명과 음악의 변증법적 관계는 20세기 음악사에도 그 흔적을 남긴 셈이다.

제 2 장

나치 집단수용소의 음악가들

죽은 자와 살아남은 자

나치의 핍박에도 불구하고 살아남은 자들에 대한 예술적 증언으로는 쇤베르크의 음악 〈바르샤바의 생존자〉보다 로만 폴란스키Roman Polanski의 영화 〈피아니스트Der Pianist〉가 더 쉽고 가깝게 여겨질지도 모른다. 영화의 주인공은 실존 인물로 영화 〈피아니스트〉의 성공을 보지 못하고 2000년에 세상을 떠난 폴란드 음악가 블라디슬로프 스필만Wladyslaw Szpilman이다. 스필만은 1930년 초 베를린에서 세계적으로 유명한 피아니스트 아르투어 슈나벨에게 피아노를 배웠고, 에른스트 크셰넥처럼 당시 베를린에서 최고의 명성을 누리던 작곡가 프란츠 슈레커의 제자이기도 했지만, 영화에서는 피아니스트로서의 활약만 부각되었다.

　그러나 무엇보다도 영화에서 중요한 것은 스필만이 음악 때문에 구사일생으로 살아남게 되었다는 것이다. 독일 하사관 빌름 호젠펠트Wilm Hosenfeld는 숨어 지내는 스필만을 발견하지만 그가 연주하는 쇼팽의 〈발라드 g단조〉(스필만의 자서전에서는 〈녹턴 c#단조〉를 연주했다 함)를 듣고 살려준다. 호젠펠트의 마음을 움직인 것은 쇼팽의 음악일까 아니면 스필만의 연주일까. 혹은 패망의 그림자가 짙어져가는 것을 느끼고 있던 독일군의 마음이 위로를 갈구했기 때문이었을까. 어쨌든 음악은 이들의 마음을 연결해주는 매개체 역할을 했다.

이처럼 '음악 때문에 살았다'라는 고백은 스필만 외에도 죽느냐 사느냐 사느냐의 갈림길에서 살아남은 음악가들에게서 자주 들을 수 있는 말이다. 그렇다고 스필만처럼 우여곡절 끝에 살아남은 음악가들이 수용소에서 죽은 음악가들보다 더 많다는 말은 아니다. 희생된 음악가에 대한 연구가 아직 시작 단계이므로 단정하기는 힘들지만 빅토어 울만Viktor Ullmann(1898~1944)과 기디언 클라인Gideon Klein(1919~1944)처럼 아우슈비츠에서 희생된 무명 음악가들의 수가 훨씬 많을 것이다. 스필만처럼 무명 음악가가 21세기에 영화를 통해 세계적으로 유명해진 것은 살아남아 자신의 존재를 알렸기 때문에 가능한 것이다. 그가 아우슈비츠에서 죽었더라면 잊혀진 수많은 희생자들처럼 그의 존재를 알리지 못했을 것이다.

집단수용소 음악가들에 대해 알려진 것을 종합해보면, 매우 다양하고 복잡한 이들의 운명을 단순화시켜 크게 두 부류로 나눌 수 있다. 하나는 가스실이나 수용소에서 죽은 경우이고 다른 하나는 우여곡절 끝에 살아남게 된 경우이다.

전자의 예로 수많은 무명 음악가들이 있지만 여기서는 독일 내 수용소에서 병사한 에르빈 슐호프Erwin Schulhoff(1894~1942)에 대해 상세히 서술하고자 한다. 슐호프는 음악사적으로도 흥미로운 인물일 뿐만 아니라 죽음의 질곡에서 음악이 어떤 역할을 할 수 있는지 잘 보여주는 음악가이다.

극적으로 살아남은 무명 음악가의 경우는 이미 영화 〈피아니스트〉를 통해 구체적으로 조명된 바 있으므로 여기서는 가수 에른스트 부슈Ernst Busch(1900~1980)를 통해 대중적으로 유명했던 인기 스타의 경우는 어떠했는지 살펴보고자 한다(아쉽게도 수용소에서 희생되거나 살아남은 여성 음악가에 대해서는 지금까지 알려진 바가 없으므로 생략한다).

여기서는 부슈에 대한 서술보다 슐호프에 대한 서술에 더 많은 지면을 할애할 것이다. 그 이유는 죽음의 위기에 여러 번 처했으나 그래도 살아남아 예술 활동을 할 수 있었던 부슈나 스필만의 경우가 더 부각되지 않도록 하기 위해서이다. 살아남은 자들이 더 부각된다면 시체 더미에 내던져진 수용소 음악가들의 희생이 (의도하지 않았지만) 오히려 축소되어 전달될 우려가 있기 때문이다.

참고로 집단수용소에서 희생된 음악가들에 대한 연구는 종종 망명음악의 범위에서[64] 이루어진다는 것을 말해둔다. 부슈처럼 망명을 떠났다가 나치에 잡혀 수용소에서 희생된 음악가가 허다하기 때문이다. 그러나 망명이라는 말에는 나치의 손아귀에서 놓여나 살아남았다는 의미가 들어 있으므로 정확하게 따지자면 이들을 모두 통틀어 망명 음악가라고 칭하는 것은 옳지 않을 것이다. 그러나 망명의 개념에 들어맞지 않는 음악가들을 빼버린다면, 안 그래도 희생된 음악가들이 또 희생되는 셈이 될 것이다.

이제 지금까지 우리에게 잘 알려지지 않았던 유럽 음악 문화의 피로 얼룩진 어두운 면에 대해 생각해보는 기회를 가져보자.

1. 음악적 다다이스트에서 사회주의 리얼리스트로— 에르빈 슐호프

슐호프와 베르크 사이에 편지 왕래가 잦았기 때문에 베르크를 공부하다보면 슐호프의 이름을 종종 보게 되는데, 그것 외에 슐호프는 국내 음악계에 거의 알려져 있지 않다. 그러나 막스 레거Max Reger의 제자였던 그는 1920년대에는 '혁명적' 작곡가이자 음악적 다다이스트로 많은 작품을 남긴 유능한 작곡가이자 피아니스트였다.

1990년대부터 차츰 나치에 희생당한 음악가에 대한 연구가 활발해지면서 비로소 그의 작품도 재조명되고 있다. 최근 들어서 슐호프의 음악을 국내 연주회에서도 가끔 들을 수 있는데, 물론 우리나라의 연주자가 아닌 외국 연주자들에 의해 소개되고 있는 실정이다. 2002년 11월에 내한한 독일 슈투트가르트 현악 사중주단 페가수스Pegasus가 슐호프의 〈현악 사중주를 위한 다섯 곡들Fünf Stücke für Streichquartett〉(1923)을 소리 문화의 전당과 의정부 예술의 전당에서 연주했다. 그리고 2003년 12월, 미국에서 활동하고 있는 바이올리니스트 이경선과 독일인 첼리스트 틸만 비크Tilmann Wick가 슐호프의 〈바이올린과 첼로를 위한 이중주Duo für Violine und Violoncello〉(1925)를 대전 엑스포 예술관에서 연주했다.

(1) 음악적 다다이스트로서의 슐호프

슐호프가 쇤베르크의 무조음악과 재즈에 관심을 가지고 자신의 작곡에 적극 사용하게 된 것은 바로 다다이즘과 밀접한 관련이 있다. 제1차 세계대전 때 오스트리아 군인으로 참전하고 전쟁의 참혹함을 냉소적으로 바라보았던 슐호프는 무정부주의적인 경향에 빠져들었다. 전쟁이 끝난 후 그는 전쟁에 반대하던 베를린의 다다이스트 빌란트 헤르츠펠데Wieland Herzfelde나 존 하트필드John Heartfield, 게오르게 그로스George Grosz와 같은 예술가들에게 이끌리면서 음악에서 다다이즘을 표현하고자 했다. 이때 무엇보다도 먼저 음악적으로 기존의 음악 언어를 가장 과격하게 파괴하는 듯한 쇤베르크를 비롯한 빈 악파의 음악이 그의 관심을 끌었던 것은 어쩌면 당연한 것인지도 모른다. 그러나 슐호프는 쇤베르크의 동조를 이끌어내는 데는 실패하고 만다.

슐호프가 다다이즘적 사고를 음악에 적용한 첫 곡은 〈피아노를 위한 5개의 피토레스크Fünf Pittoresken für Klavier〉(피토레스크는 그림처럼 아름다운 것이라는 뜻. 1919년 작품)인데, 화가 그로스에게 헌정함으로써 그로스의 영향을 암시하고 있다. 특히 이 작품 중 3번째 곡 〈미래에In Futurum〉는 모두 30마디로 되어 있는데, 음악사적으로 특별한 의미가 있다. 이 곡은 처음부터 끝까지 쉼표로만 되어 있기 때문이다. 음악의 전달 수단인 소리 자체를 부정한다는 의미에서 음악적 다다이즘의 좋은 예로 들 수 있다.[65]

ㄱ. 음악의 혁명은 리듬에서, 재즈를 다다이즘의 수단으로

슐호프는 음악이 다른 분야에 비해 혁명적이지 못한 이유를 선율과 음향이 리듬보다 더 중요하게 여겨지는 경향 때문이라고 생각했다. 이런 인식으로 그는 곧 쇤베르크 음악을 비판한다.

실제로 쇤베르크는 중요한 인물이다. 하지만 그의 창작이 특별한 것은 오로지 음(선율)에 국한한 것이다. 이것을 자주 들으면 곧 심심해져버린다. 그 이유는 어쩌면 흥분시키는 리듬이 적기 때문에, 혹은 거의 없기

때문일 것이다.66

결국 슐호프에 따르면 리듬의 혁명을 통해 기존 음악과 이전 세대에 대항해 음악의 혁명을 이룰 수 있다는 것이다.

그러나 여기서 한 가지 분명히 짚어야 할 것은 슐호프가 의미하는 혁명은 좀 특이하다는 사실이다. 그가 추구하는 것은 결코 정치적 혁명이 아니며 오히려 그는 (정치적) 혁명이 예술을 위한 도구로 사용되어야 한다고 생각했다. 이것은 쇤베르크가 추구하는 예술의 혁명과도 차이가 있다. 즉 쇤베르크는 사회적 연관 없이 오로지 음악 내에서의 변혁만을 추구하지만, 슐호프에게 혁명의 목표는 "예술 창작을 위해 무한한 자유를 제공"67하는 것이었다. 슐호프에게 사회 변혁은 매우 중요하지만, 이것은 단지 예술지상주의자의 목표를 관철하기 위한 전제 조건이었다. 그러니 당시 '예술이 혁명에 기여해야 한다'며 사회 변혁을 부르짖은 아이슬러와 같은 참여 예술인들의 생각과도 달랐다.

그런데 이러한 그의 독특한 예술 혁명 개념은 재즈를 수용하는 방향으로 귀결된다. 쇤베르크 음악의 리듬적 약점을 간파하고 슐호프가 선택한 것은 재즈였다. 그에게는 "군대 훈련으로 뻣뻣한 남자의 육체를 춤추게 만드는"68 것이 예술 혁명에 다름 아니었으므로, 재즈가 음악적으로 다다이즘을 표현하는 수단이 된 것은 자연스러워 보인다.

슐호프가 재즈에서 음악적으로 탁월하다고 본 것은 그것이 역동적 반복성을 훌륭하게 표출할 수 있다는 점이었다. 뿐만 아니라 재즈는 길게 발전되는 음악이 아니라 빠르게 진행되고 끝나며, 대조를 이루는 데도 뛰어나다는 것이었다. 그의 작품은 그래서 대체로 그리 길지 않다. 예를 들면 모두 4악장인 제2번 교향곡은 전곡을 연주해도 17~18분 정도에 불과하다(베토벤이나 말러의 교향곡은 한 악장만 해도 이보다 훨씬 긴 경우가 많다).

그러나 재즈는 싱커페이션syncopation[69]의 날카로운 리듬과 격렬한 대조 또는 갑작스러운 진행 등에도 불구하고 소시민에 대한 분노와 속물적 삶에 대한 부정(否定)을 표현하기에는 역부족이었다. 물론 1910년대 말과 1920년대 초에는 아직 재즈가 유럽 음악계의 관심을 끌기 전이었으므로 당시 예술계에서 재즈를 사용하는 것은 나름대로 반항의 의미가 있었을 것이다.[70]

그러나 재즈는 생을 부정하기보다 오히려 긍정하는 측면을 가지고 있어 모든 것을 부정하는 다다이즘의 정신을 대변하는 음악적 수단으로는 처음부터 적당하지 않았던 것 같다. 다다이즘에 가까이 가고자 했던 슐호프의 음악적 시도는 그리 큰 성과를 보지 못할 운명이었다.[71]

ㄴ. 음악적 다다이즘의 한계와 결과

슐호프의 〈미래에〉처럼 쉼표로만 되어 있는 작품은 처음에는 신선한 충격을 줄 수 있지만 반복해서 씌어지기는 힘들 것이다. 또한 재즈를 사용한 슐호프의 음악은 부정과 반항을 의도했지만 긍정의 느낌을 떨쳐버리지 못했다. 기존 음악 관습에 대한 반항으로는 음악보다도 오히려 그가 직접 쓴 〈피아노를 위한 5개의 피토레스크〉의 서문이 더 자극적인데, 이를 인용해보자. 이것은 화가 그로스에게 헌정했는데, 슐호프의 성적 흥분 상태를 그대로 반영한 듯하다.

만세! 술취함이여——황홀경이여!!!

폭스트롯——멋진 왕자 그리고 바보!

소녀들이 너를 보고 미치네.

그리고 끝없이 원하네.

…

리치, 너는 가장 아름다운 다리를 가졌네——다리를!

너희들 흙더미의 도시들이여, 찬양될지어다!

살려줘——여자들——은 노출증 환자들——

우아!!!

…

리치,——그대——! 폭스트롯을 춤추는 그대는 타의 추종을 불허하는구나.

너의 엉덩이(최고의 미학!!!)는 아들아들 흔들거리고

수많은 경험들을 얘기하는구나.

리치, 그대의 재즈는 동화와 같아!

너를 위해 탱고, 〈변태의 탱고〉를 만들래.

그대는 울음을 터뜨릴 정도로 아름답게 춤을 추게 될 거야——나와 함

께——!!

리치,——황홀한 트롯 공주!!

리치,——마지막 정점!!! —72

당시의 시민적 도덕관으로는 이런 성적인 내용을 직접적으로 예술음악의 프로그램으로 삼는다는 것은 생각하기 힘들었다. 기존의 관습을 거부하고 부르주아지의 도덕관에 침을 뱉는 이 텍스트는 재즈라는 음악적 요소보다 훨씬 더 파괴적인 효과를 불러일으켰다. 이러한 행위로 인해 슐호프가 음악계에서 아웃사이더로 낙인찍히게 되리라는 것은 쉽게 추측할 수 있다. 그 스스로도 "나는 한번도 이 시대의 사람들을 위해 연주하지도, 작곡하지도 않았다. 항상 그들에 대항했을 뿐이다"라고 1923년 3월 10일 자 일기에 쓰고 있다.73

그러나 다다이스트로서 슐호프의 예술 활동은 오래가지 못한다. 부정을 목표로 하는 다다이즘 자체의 한계 때문만이 아니라 재즈를 통해 시도한 음악적 다다이즘의 한계도 함께 작용했을 가능성이 높다.74

(2) 사회주의 리얼리스트로서의 슐호프

1930년대에 접어들면서 슐호프는 작곡가로서 위기를 겪는다.[75] 지금까지의 음악적 길을 다른 방향으로 돌리게 되는데, 그 계기가 되는 일은 1932년 모스크바 방문이다. 물론 그전부터 그는 베를린의 스파르타쿠스 운동에 관심을 보여왔고, 1919년 로자 룩셈부르크Rosa Luxemburg와 카를 리프크네히트Karl Liebknecht의 죽음에 분노하여 〈인간성Die Menschheit〉이라는 제목의 교향곡을 쓰기도 했다. 또 필요에 따라 프라하의 좌파 연극 단체에서 일하기도 했다. 그러나 그의 음악적 전환에 결정적인 역할을 한 것은 바로 모스크바 여행이었는데, "그의 눈을 열었다"[76]고 할 정도로 깊은 감명을 받았던 것 같다. 이후 그는 사회주의 리얼리즘을 자신의 새로운 미학적인 길로 받아들인다.

그 첫 결과가 바로 카를 마르크스·프리드리히 엥겔스Friedrich Engels의 《공산당선언Manifest der Kommunistischen Partei》을 텍스트로 한 칸타타 〈공산당선언〉(1933)이다. 그러나 이것은 음악으로 작곡되기에는 적당한 텍스트가 아니었으며, 실제로 프라하의 독일 작가 루돌프 푹스Rudolf Fuchs가 (억지로) 쓴 대본도 그리 좋지 못했다. 언어적으로 너무나 진부하고, 단순하고, 무엇보다 연주될 때 이해되지 못할 위험이 큰 결점이었다.

슐호프는 이러한 어려움과 부족함에도 불구하고 거의

1년 동안의 작업 끝에 1933년 봄에 작품을 완성한다. 음악적으로도 노동자 노래에서 자극받은 행진곡풍의 단순화된 작품이다. 이 칸타타에서는 1920년대의 실험적이고 과격한 음악적 요소나 재즈 요소는 찾아보기 힘들었다. 이러한 변화는 이제 재즈가 더 이상 그에게 음악적 전망을 주지 못한다는 것을 보여준다. 물론 그는 여전히 방송국을 위해 재즈를 작곡하고 연주했으나 단순히 생계를 위해서였다. 1939년부터 유대인에 대한 금지 조치가 있을 때에는 가명으로 일했다.

슐호프가 다다이스트에서 전혀 다른 방향으로 전환하게 된 이유는 무엇일까? 모스크바 여행이 외적인 계기가 될 수는 있지만 이것만으로는 설명이 충분하지 않다. 슐호프의 생애와 음악을 토대로 하여 그의 급격한 변화에 대해 여기서는 지면상 압축하여 설명하도록 한다.

슐호프의 변화는 먼저 당시의 상황과 관계가 있어 보인다. 당시 나치 극우파들은 현대음악과 재즈를 '문화적 볼셰비즘'이라고 비난했다. 미국에서 건너온 재즈가 사회주의와는 전혀 관계가 없다는 것은 누구나 아는 사실이었지만, 당시에는 이러한 엉터리 같은 소리가 일반적으로 통했다. 정치적으로 보수적인 음악가 쇤베르크도 그의 무조음악 때문에 공산주의를 선전하는 자로 몰리는 상황이었다. 슐호프는 음악적 혁명을 위해 필요하다면 정치적 혁명 단체인 좌파 그룹에서 일하기도 했지만 사실 정치적으로 뚜렷한 세계관을 가지지는 않았다. 그러나 당시는 중립이란 존재하지 않는 시기였다. 이편이냐 저편이냐로 구분되는 상황이 좌파로 몰린 슐호프에게 심정적으로 오히려 사회주의에 더 호감을 가지게 하는 데 한몫했을 것이다. 게다가 자신의 음악은 아무리 극우파에 합세하려 해도 배척만 당하게 되리라는 것을 그는 누구보다도 잘 알고 있었을 것이다.[77]

물론 그의 변화는 나치 집권 1년 전인 1932년에 일어났지만 그가 처한 상황은 망명자의 신세와 다를 바 없었다. 백만장자였던 그의 부모는 돈더미에서 뒹굴 정도로 부유했지만 현대 무조음악과 재즈 음악에 심취한 아들을 "문화적 볼셰비키"라고 욕하며 갑자기 지원을 끊어버린다. 슐호프는 누가 뭐라든 자신이 옳다고 믿으면 눈치 보지 않고 자신의 주장을 드러내는 성격이었으므로 부모와 타협하거나 비위를 맞추려는 시도 없이 오로지 생계를 위해 레슨 등 허드렛일을 해야 했다. 생계를 꾸리며 이전의 부르주아지 세계와는 다른 프롤레타리아의 삶을 이해하게 된 것도 그의 세계관에 영향을 미쳤을 것이다.

게다가 음악적으로도 재즈를 통한 다다이즘적 시도가 한계에 부딪치자 뭔가 새로운 길을 찾아야 한다는 절실한 상황이 전환의 중요한 계기가 되었을 것이다. 긍정적인 삶의 감정을 표현하는 재즈 음악은 모든 것을 부정하는 다다이즘과 모순되므로 그의 음악적 실험을 실현시키기에는 역부족이었다. 그러나 그에게는 백만장자 부모로 대표되는 자본주의보다 다른 식으로 생을 '긍정'하는 사회주의가 더 친근하게 여겨졌을 것이다. 겉보기와 달리 재즈에서 사회주의로의 이행은 그에게 자연스러운 것이었으리라.

(3) 망명인, 수용인으로서의 슐호프 그리고 최후

그러나 1939년 히틀러 군대가 체코를 점령하자 프라하에서 활동하던 그는 유대인이라는 이유로 방송국에서도 일할 수 없게 된다. 친구들의 권유로 프랑스나 미국으로의 망명을 생각하게 되나 여러 가지 시도를 하던 중 1939년 8월 23일 스탈린과 히틀러의 평화협정이 체결된다. 아직 유럽에 머물던 대다수 좌파 독일 망명인들은 독일과 소련의 평화협정으로 오갈 데 없는 신세가 되어버린 것에 비해 슐호프는 오히려 이를 기회로 삼았다. 즉 소련 시민권이 있다면 독일군이 있는 곳에서도 어려움 없이 일할 수 있으며 소련으로 갈 수 있다는 생각에 소련 시민권을 신청한 그는 오히려 여유 있게 다시 방송국에서 일할 계획도 세운다.

그러던 중 그는 1941년 4월 소련 시민권을 받았다. 그러나 시민권을 받아도 여행 비자 없이는 프라하를 떠나 소련으로 갈 수 없었으므로, 6월 13일 비자를 받을 때까지 프라하에 머문다. 빨리 프라하를 떠나라는 소련 영사의 충고를 심각하게 받아들이지 않았던 그는 히틀러가 평화협정을 깨고 소련을 공격한 6월 22일에도 여전히 프라하에 있었다. 프라하에서 모스크바까지는 기차로 하루면 갈 수 있는 거리였으나 제때 출발하지 못한 그는 소련 시민권 때문에 오히려 위험에 처하게 되었다. 이제 소련과 독일은 적국이 되었으므로 소련 시민권을 가진 그는 적국의 국민이 되어버렸다. 독일 치하의 영역에 있었던 다른 소련 시민들처럼 포로가 되어 그도 수용소에 수감되고 만다. 조금 일찍 여행을 서둘렀다면 그의 생은 다르게 전개되었을지도 모른다. 이때는 며칠간의 차이, 아니 몇 시간, 몇 분의 차이로 생사가 갈리는 냉혹한 시기였다.[78]

소련 포로들과 함께 남부 독일의 포로수용소 뷔르츠부르크에 수용된 슐호프는 좋지 못한 영양 상태와 악조건에서 건강이 점차 악화되어 1942년 8월에 폐결핵으로 사망한다.

(4) 집단수용소에서의 창작—음악적 유언?

영화 〈피아니스트〉에서는 3년간 숨어 지내야 하는 주인공이 피아노를 칠 수 없는 상황에서 상상으로 음악을 들으며 허공을 피아노 건반 삼아 손가락으로 연주하는 장면이 나온다. 이 장면은 음악이 허기와 고독, 불안으로부터 주인공을 지탱해내는 힘이 되고 있음을 잘 보여주고 있다. 슐호프 역시 고열로 더 이상 작업을 하지 못할 마지막 순간까지 교향곡을 작곡했다. 미완성으로 남은 7번과 8번 교향곡이 그것이다. 특히 7번은 베토벤의 3번 교향곡처럼 '에로이카Eroica'라는 부제가 붙어 있다.

이 교향곡들은 적어도 두 가지 면에서 의미심장하다. 먼저 슐호프가 죽음의 불안과 고통의 수용소에서 하필 교향곡을 작곡했다는 사실이다. 다른 하나는 '에로이카'라는 부제가 낯설고도 아이러니컬하다는 것이다. 당시 독일에서는 애국적인 음악가로 베토벤이 악용되고 있는 상황이었기 때문이다. 물론 아이러니컬하다는 것은 오늘날의 관점에서 보면 그렇다는 말이다. 슐호프의 관점에서는 어쩌면 너무나도 당연한 것이었는지 모른다. 그렇다 하더라도 의문은 사라지지 않는다. 왜 하필 슐호프는 교향곡을, 그리고 왜 하필 베토벤의 교향곡을 모범으로 삼았을까?

물론 이미 그는 수용소로 오기 전, 소련 비자를 기다리며 불안한 상태에서 '자유교향곡Freiheitssymphonie'이라는 부제가 붙은 교향곡 6번(1940~1941)을 작곡한 바 있다. 이 교향곡의 4악장 피날레에는 베토벤의 9번 교향곡처럼 성악곡 〈자유의 노래Lied an die Freiheit〉가 들어 있다. 베토벤을 모범 삼아 거창한 제스처로 기념비적인 것을 형상화하려는 의도가 분명해 보인다.

그렇다면 슐호프는 수용소에서도 단순히 자신의 이전 작업을 계속해서 이어나간 것뿐인가? 그럴 수 있을 것이다. 사회주의 리얼리즘에 부합하는 이상적 음악가가 아이러니컬하게도 나치들이 영웅으로 떠받들던 베토벤이었기 때문이다. 거창한 제스처로 표현하고자 할 때 베토벤 음악보다 더 설득력 있는 것은 아마 없을 것이다. 게다가 베토벤 음악 중에서도 장르 교향곡처럼 고통과 시련을 극복하고 승리에 도달하는 극적인 해피엔딩을 효과적으로 표현하는 음악도 드물다.

〈자유교향곡〉이 불안으로부터의 도피를 의미했듯이, 슐호프는 수용소에서도 〈에로이카 교향곡Symphonie Eroica〉을 쓰며 고통으로부터 자유롭고자 했을 것이다. 그것은 곧 일거에 고통을 끝내고 환희로 인도할 영웅을 기다리는 것으로 축약해볼 수 있다. 물론 여기서 영웅은 베토벤의 경우와 달리 혁명을 성공으로 이끌 수 있는 사회주의적 영웅이다. 슐호프 스스로 작시한 텍스트가 마르크스, 레닌과 스탈린의 공산주의적 투쟁을 암시하고 있기 때문이다.

슐호프는 시련을 통해 마지막에는 영광의 순간을 맞이하리라는 믿음을 마지막 유언처럼 미완성 교향곡 7번, 8번에 남겨놓았다. 음악은 그가 죽음의 질곡에서 지푸라기라도 잡듯 끝까지 붙잡았던 희망의 끈이었다. '음악 때문에 살았다'라고 말하기는 힘들어도 음악 때문에 고통을 참을 수 있었을 것이다.

슐호프의 이 마지막 작품들은 시련을 극복하려는 사람들에게 미치는 베토벤 음악의 영향력이 어떠한지 다시 한번 확인시켜 준다. 또한 슐호프의 음악적 생애는 음악과 음악가의 운명이 사회 정치에 따라 얼마나 다르게 발전될 수 있으며, 또 얼마나 다르게 평가되고 수용될 수 있는지 새롭게 절감하게 한다.

물론 그의 음악적 실험이 성공적이었다고 말하기는 어렵다. 사고의 거창함에 비해 음악적 실현이 따라주지 못한 것이 약점으로 지적된다. 그럼에도 불구하고 그의 존재가 20세기 음악사에서 아예 거론조차 되지 않는 것, 즉 희생된 음악가들을 두 번 죽이는 기존 음악사의 약점은 고쳐져야 하리라.

2. 운명적으로 살아남은 가수 ― 에른스트 부슈

나치의 손아귀에서 살아남은 음악가들의 삶은 하나의 드라마가 될 정도로 극적이었지만 1920년대 독일 노동운동의 큰 별과 같았던 가수 에른스트 부슈의 경우도 보통 기막힌 운명이 아니다.

(1) 1920년대 독일의 민중 가수
원래 노동자 출신의 배우였던 부슈는 아이슬러의 노래를 더 이상 잘 부르기 힘들 정도로 완벽하게 해석했다. 아이슬러의 말을 빌리면, 부슈가 이렇게 탁월한 해석을 할 수 있었던 것은 부슈 자신이 노래의 내용을 너무나 잘 이해하기 때문이었다. 부슈는 노랫말 하나도 멜로디 때문에 희생시키지 않고 완벽하게 전달하는 놀라운 능력을 가졌다. 부드러우면서도 강철처럼 강한 목소리와 패러디에 뛰어난 재능을 가진 부슈는 노래를 통해 실업과 가난으로 절망하는 노동자들에게 희망과 변화에 대한 의지를 불러일으켰다. 노동자들은 자신의 입장을 너무나 잘 알고 진실하게 대변해주는 부슈의 노래에 환호할 수밖에 없었다. 부슈가 구사하는 성악 스타일은 이전에 사람들이 전혀 경험하지 못했던 새로운 것이었다. 그는 음악적 독창성뿐 아니라 스타로서도 오늘날 사람들이 생각하기 힘든 자세를 보여주었다. 장소에 상관없이 거리에서도 술집에서도 사람들이 '에른스트, 〈도장의 노래Stempellied〉 좀 불러보게', 또는 길거리에서 아이들이 '헤이 에른스트, 비누! 비누! 〈비누 노래Seifenlied〉'[79]라고 부탁하면 그곳이 바로 음악회장이 되고, 비참하고 누추한 곳에 희망이 스며들어왔다고 한다. 그는 청중과 마치 친구나 동료처럼 결속되는 특이한 관계를 유지했는데, 오늘날의 스타와는 조금 다른 민중적인 스타였다.

1930년 초에 독일은 거의 600만 명에 달하는 실업자를 양산했으며, 베를린만 해도 실업자 수가 50만 명이었다. 이와 비례해서 독일의 노동운동은 역사상 유례없는 에너지를 뿜

어냈다. 노동자가 아닌 부르주아지 지식인, 예술가들도 이 노동운동에서 이름을 얻어 출세하고자 뛰어들었을 정도로 노동운동은 사회적으로 막강한 힘을 가지고 있었다.

오늘날에는 이해하기 힘들겠지만 당시 베를린에서는 프롤레타리아 스타일이 이른바 '쿨cool'한 것으로 인기가 있었다. 이것은 당시 유행처럼 사람들의 입에 오르내리던 신즉물주의 경향과도 일맥상통하는 측면이 있는데, 간결하고 정확하게, 핵심을 찌르는 단도직입적인 스타일이었다. 무엇보다도 감상적이지 않게 노래하는 부슈의 스타일이 바로 전형적인 프롤레타리아 스타일로 여겨졌다.

부슈가 부르는 아이슬러 노래의 영향력은 단지 노동자들에게만 국한된 것은 아니었다. 소련 혁명의 소식을 직접 간접으로 접한 당시 독일의 젊은 지식인들에게 마르크스주의는 시대적인 흐름과도 같은 힘과 매력을 지닌 것이었고, 이러한 흐름을 대변하는 부슈의 노래는 젊은 지식인들에게도 영향력을 행사했다.

그의 노래와 목소리가 듣는 이에게 어떤 영향을 주었는지 한 작가의 말을 인용해보자. 그런데 이 인용문은 1920년대의 것이 아니고 제2차 세계대전 시기의 글이다. 우리의 관심이 전쟁 시기인데다 전쟁 말기 독일군의 사정도 덤으로 알수 있는 장점이 있어 이 글을 골랐다. 이 작가는 1943년 겨울소련 전선에 배치된 독일군 병사의 입장에서 처음 부슈의 목소리를 듣게 되었다고 한다.

나는 부슈의 목소리를 연극 공연장이 아니라 소련 전선의 진흙 구덩이에서 처음 들었다. 1943년 어느 밤, 패한 파시즘 군대가 우크라이나를 통과해 후퇴하던 때였다. 내 몸은 젖어 축축했고 추위에 떨었으며 배도 고팠다. 지친 몸에 벼룩이 들끓었으며, 그야말로 무감각·무관심 상태였다. 아군의 노선은 끊겼고, 눈비는 내리고 맞바람이 불어왔다. 소련의 붉은 군대는 확성기로 5분간의 선전 방송을 시작했다. 뉴스, 정보들이 나온 다음, 족히 2킬로미터나 떨어진 곳에 있는 요란한 확성기를 통해 지지직거리는 낡은 레코드로 튼 노래 하나가 흘러나왔다. 독일의 노동자 노래였다. 나는 그 노래를 몰랐고, 그 노래를 부르는 남자도 몰랐다. 그 노랫말에서 아무 의미도 못 느꼈지만, 그럼에도 불구하고 그냥 귀 기울여 들었다. 그런데 그 목소리는 나의 무감각을 쫓아버렸다. 이 목소리의 무엇이 나를 사로잡았는가? 목소리가 아름다웠는가? 물론 그 목소리는 아름다웠다. 그러나 나를 사로잡은 것은 아름다움이 아니었다. 맑고 분명함도 아니었고, 또 그 목소리가 가지고 있는 공격적인 날카로움도 아니었다. 뭔가 다른 것이었다. 그 목소리는 이 사람이[부슈], 그리고 이성과 진실이 승리하리라는 것을 알고 있었다. 뿐만 아니라 이를 위해 어떻게 해야 하는지도 그 목소리는 알고 있었⋯이 낡은 레코드의 목소리는 요란한 확성기를 통해 진리의 기술과 방법을 가르치는 바로 에른스트 부슈의 것이었다.[80]

(2) 체포된 부슈의 운명

부슈는 그의 막강한 영향력 때문에 나치 정권이 들어서자 바로 위험 인물로 수배되었고, 체포되면 집단수용소로 직행할 운명이었다. 1933년 3월 부슈는 독일을 벗어나 네덜란드, 벨기에, 영국, 프랑스 등지의 방송국에서 연주하거나 음반 녹음을 하며 이 호텔에서 저 호텔로 옮겨 다니다가 1935년에는 소련으로 망명한다. 그러나 1937년에는 다시 스페인 내전의 반파시즘 진영을 돕기 위해 스페인으로 간다. 하지만 나치 독일의 지원으로 반파시즘 진영은 무너졌고 오히려 제2차 세계대전이 발발하여 (오랫동안 망명인들에게 그나마 희망을 주었던) 프랑스마저 무너지게 된다. 소련 비자를 다시 받지 못한 채, 또 정치적 노래를 부르지 못하게 하는 유럽 망명국들의 조치로 그의 경제적 상황은 아사 직전이었다.

전쟁이 터지자 나치 독일은 유럽의 모든 나라에게 적국이었으므로 독일 망명인들은 자동적으로 위험한 적국의 시민으로, 즉 나치의 잠재적 스파이로 수용소에 집단 감금되었다. 나치를 반대하고 외국을 떠돌며 나치의 멸망을 위해 저항운동을 하든, 또 나치에게 잡힐 위험과 두려움으로 고통을 겪고 있든 말든, 상관없었다. 나치의 반대자인 독일 망명인들에게는 이해하기 힘든, 이중의 희생을 요구하는 상황이었다. 게다가 수용소와 적십자 내부에도 나치 스파이가 있었으므로 수용인들을 도우러 적십자 위원들이 오면 부슈와 같은 좌파 망명인들은 재빨리 숨어야만 했다. 비인간적인 프랑스 수용소에서 간신히 도망친 부슈는 그러나 1942년 프랑스 국경 지역에서 체포되었다. 프랑스의 친나치 비시 정권의 헌병들이 그를 체포하여 독일 게슈타포에게 넘겼을 때, 그는 이미 죽은 것이나 다름없었다.

앞의 인용문에서 보듯이 한편에서는 부슈의 음반이 독일 병사까지도 감동시키고 있는 동안, 부슈 자신은 이미 게슈타포에게 잡혀 죽을 날을 기다리는 상태였다. 그러나 나치는 그를 그냥 죽이지 않고 베를린까지 수송하여 법정에 세워 국가 반역죄를 씌워 공개적으로 처형하고자 했다. 더 많은 반역죄 증거자료를 모으기 위해 판결이 미루어졌는데, 이것이 그가 구원받는 기회로 연결되었다. 이때 독일 국립극장의 총책임자였던 배우 구스타프 그륀트겐스Gustaf Gründgens[81]가 법정에 부슈를 변호하는 글을 올림으로써 부슈의 구원이 시작되었다. 당시 독일에서 부슈와 같은 공산주의자를 옹호한다는 것이 어떤 결과를 가져올지 그륀트겐스 자신도 잘 알고 있었겠지만 부슈의 천부적 재능을 인정했던 그는 베를린의 변호사들을 고용하여 부슈가 사형만은 면하도록 힘썼다. 결국 변호사들은 이미 1937년 독일 시민권을 박탈당한 부슈가 더 이상 독일인이 아니므로 '국가 반역죄'도 성립하지 않음을 해명하여 부슈는 기적적으로 사형을 피할 수 있었다. 이것은 그륀트겐스의 영향력과 부슈의 천부적인 목소리에 대한 거부할 수 없는 존중, 그리고 말기의 나치 정권에서도 법적 근거를 중시하는 법조인이 있었기에 가능한 것이었다.

부슈는 국가 반역죄보다는 약한 공산주의 활동 죄로 다음 판결을 받기 위해 감옥에 수감되었다. 그러던 중 영미 군대의 베를린 폭격이 시작된 1943년 말, 그가 갇혀 있던 감옥이 폭격을 당할 때 자고 있던 부슈는 침대에서 책상 쪽으로 튕겨 날아가 그 모서리에 머리를 맞고 만다. 그는 죽은 사람으로 여겨져 시체 더미에 옮겨졌다. 그러나 감옥 동료들이 우연히 그가 아직 살아 있음을 발견하고 수감된 동료 의사의 치료를 받아 구사일생으로 살아난다. 머리의 상처가 너무 심해 더 이상 가수나 배우로 활동하기 힘들다는 이유에서 그의 형량은 10년에서 7년으로 감형되고 나중에는 4년으로 줄어들었다. 그러나 또다시 죽을 고비가 닥치는데, 4년간 징역을 살게 되는 브란덴부르크 감옥의 책임자가 그를 살아서는 돌아오지 못할 곳으로 부역 보내려 했기 때문이다. 그러나 다행히 감옥 의사의 진단서 때문에 그곳으로 가지 않고 원래의 수용소 내 군수업체에서 1945년 5월 소련군이 수용소를 해방시킬 때까지 강제노동을 하게 되었다.

그러나 해방 후에도 폭격으로 다친 그의 머리는 완치되지 않았고, 얼굴 왼쪽 부분의 마비로 다시 무대에 설 수 있을지도 의문이었다. 그러나 부슈는 결국 어려움을 극복하고 동독에서 다시 아이슬러나 브레히트와 같은 옛 동료들과 함께 예술 활동을 재개할 수 있었다.

3. 수용소와 음악―20세기 서구 음악 사회의 어두운 역사

부슈는 우연의 연속으로 살아남은 것으로 보이지만 우연으로만 볼 수 없는 측면이 있다. 영향력 있는 나치 예술가의 도움이 있었으며, 아사 직전에서도 생명을 유지할 수 있었던 것도, 또 머리를 다쳐 시체 더미에 던져졌으나 발견된 것도, 그리고 죽음의 부역을 피할 수 있었던 것도 모두 동료들의 관심이나 도움이 없었다면 불가능한 일이었다. 그들이 부슈의 예술적 가치를 알고 그의 생존을 도왔던 것이다. 형태는 좀 다르지만, 부슈도 슈필만처럼 '음악(예술) 때문에' 살 수 있었다. 뿐만 아니라 음악은 슐호프의 경우처럼 죽기 전까지도 희망을 표현하는 수단이 되었다.

또 음악은 아우슈비츠 내에서 죽음을 한동안 유보할 수 있는 역할도 했다. 대부분 유대인 음악가의 마지막 종착역이었던 아우슈비츠에는 여러 개의 오케스트라가 있어 건강하고 젊은 음악가는 그래도 살아남을 기회가 있었기 때문이다. 아우슈비츠에 하나의 오케스트라가 아니라 여러 개의 오케스트라가 있게 된 이유는 나치 하사관들이 자신의 관할 구역

내에 독립적인 오케스트라를 가지고 싶어했기 때문이다. 이들의 허영심이 수용소의 음악가들에게는 목숨을 유지할 수 있는 기회가 되기도 했다. 물론 나치의 입장에서도 수용소 내에서 다양한 기능을 수행하는 데 오케스트라의 역할은 대단히 효과적이었다(제3장 참조).

그러나 매일 하나둘씩 가스실로 불려가도 큰 어려움 없이 아우슈비츠 내에 여러 오케스트라가 운영될 수 있었던 것은 얼마나 많은 실력 있는 음악가들이 이곳에 모여 있었는지, 또 이들이 얼마나 처절하게 음악을 연주했는지를 잘 보여준다. 아우슈비츠에서 살아남은 한 재즈 음악가에 따르면, 그가 수용소에 도착했을 때 수용소의 오케스트라가 바그너의 〈로엔그린Lohengrin〉을 아주 뛰어난 솜씨로 연주해주었다고 회고한다. 곧 죽게 될 오케스트라 단원들은 이제 죽기 위해 새로 도착한 유대인들을 위해 환영 음악을 연주한 것이다. 아이러니컬하다 못해 그로테스크한 장면이 아닐 수 없다. 반유대주의자 바그너의 〈로엔그린〉이라니!

그러나 음악은 수용소와 가스실을 통과하면서도 어떠한 상처나 흔적도 보여주지 않는다. 수많은 음악가들이 피를 흘려도 음악은 다친 곳이 없다. 이 사실을 영화 〈피아니스트〉는 음악적으로 아주 세련되게 표현하고 있다. 즉 슈필만이 나치에게 점령되기 바로 직전의 폴란드 방송국에서 연주한 곡은 쇼팽의 〈녹턴 $c^\#$단조〉인데, 나치 멸망 후 복귀하여 같은 방송국에서 연주하는 것도 같은 곡이며 해석에도 달라진 것이 없다. 그 사이에 슈필만과 가족에게는 얼마나 끔찍한 일들이 벌어졌는가. 그러나 음악은 아무 일도 없었다고 말하는 듯하다.

만약 음악에 조금이라도 핏자국이나 생채기가 남아 있었다면, 나치에게 희생된 음악가들에 관해 이토록 오랫동안 무관심할 수 없었을 것이다. '인생은 짧고 음악은 길다' 혹은 '음악은 음악이다'라는 말이 옳음을 확인해볼 수도 있겠지만, 여기서 음악의 이중성도 볼 수 있어야 하리라. 이는 괴테, 실러, 바흐, 베토벤, 슈만, 브람스가 있는 휴머니즘과 예술의 나라에서 히틀러와 같은 악의 화신이 고대하고 고대하던 민족적 영웅으로 환영받은 것과 비교될 수 있을 것이다. 이 이중성은 지고한 선의 밝고 찬란한 후광에 둘러싸인 천사의 모습과 그 뒷면에 도사리고 있는 피비린내 나는 시체 무더기의 그림으로 연상해볼 수 있으리라. 휴머니즘과 계몽 그리고 진보를 믿었던 역사가 낳은 이 참혹한 기형의 모습은 그러나 아름다움의 대명사인 음악에서는 흔적도 없이 숨을 수 있었다.

이제 80여 년이 지난 오늘, 그다지 알고 싶지 않는 이 어두운 역사의 뒷면에 대한 연구가 필요한 까닭은 희생자들을 또다시 희생시켜서는 안 된다는 인식 때문만은 아니다. 서구 사회가 보여준 이 야만성이 결코 반복되어서는 안 되기 때문

이다. 반복되지 않기 위해서는 제대로 기억해야 할 것이기에
이러한 작업이 더욱 절실한 것이다.

제 3 장 ——————— 남은 자들
협력한 자들과 침묵한 자들

한쪽에서는 짐 가방을 들고 외국으로 떠나는 망명 음악가들의 행렬이 끊이지 않았고, 다른 한쪽에서는 집단수용소와 가스실로 행하는 음악가들의 죽음의 행렬이 이어지고 있었다. 같은 시기 독일 내 음악계에서는 어떤 일이 일어났는가? 독일에 남은 음악가들은 누구인가?

독일에 남은 음악가로는 유대인이 아니거나 정치적으로 좌파가 아니어서 예술 활동에 어려움이 없던 음악가들이 이에 해당할 것이다. 직접적인 위협이나 어려움이 없다면 아무런 연고나 직업의 전망도 없이 외국으로 간다는 것은 쉬운 일이 아니리라. 머문 자들의 음악적 명성도 무명인부터 일류 음악가에 이르기까지 다양했다. 또한 이들의 태도 역시 다양하고 복잡하지만, 효과적인 서술을 위해 협력한 자와 침묵한 자의 두 유형으로 크게 나누고자 한다.

나치 집권 시기에 머물렀던 대다수의 음악가들은 첫 번째 경우에 속했는데, 리하르트 슈트라우스Richard Strauss, 한스 피츠너Hans Pfitzner, 막스 폰 실링스Max von Schillings, 또는 카를 오르프Karl Orff, 푸르트뱅글러, 헤르베르트 폰 카라얀 Herbert von Karajan 등이 대표적이다. 이들은 보수주의 음악관을 대표하거나 19세기적인 음악 언어를 선호하는 음악가들이었으며, 또는 슈트라우스처럼 이전에 사용하던 현대적 음악 언어를 이미 탈피했으므로 큰 어려움 없이 나치의 음악관에 적응하면서 자신의 이익을 추구했다.

두 번째 침묵한 자의 경우는 극히 소수이지만 또다시 세 경우로 나누고자 한다. 심정적으로는 나치에 동조하면서 음악적으로는 계속 현대음악 언어를 고집하며 나치의 정책에 협조하지 않았던 쇤베르크의 제자 베베른, 독일 내 음악 활동을 포기하고 실제 저항운동에도 가담하여 적극적 의미에서 '내적 망명'을 살았던 하르트만, 그리고 여성 음악가에 대해 서술할 것이다. 여성 음악가를 따로 서술하는 이유는 이들의 음악 활동이 남편이라는 조건에 좌우되는 현상도 보이기 때문이다. 아리아인인 남편 성을 따랐기 때문에 유대인인 것이 발각되지 않고 독일에 머물렀던 유대인 펠리치타스 쿡쿡Felicitas Kukuck과 반대로 유대인 남편 때문에 음악 활동이 금지되었던 일제 프롬 미하엘스Ilse Fromm-Michaels에 대해 살펴볼 것이다.

그러나 개개인의 활동이나 태도보다 더 중요한 것은 음악가로서 활동을 완전히 포기하지 않는 한 이들의 의지와 달리 나치 문화 정책이라는 큰 구조 속에서 각기 어떤 역할과 기능을 할 수밖에 없었다는 사실이다. 이 장의 후반부에서는 개인의 태도를 넘어서서 이들이 직접 간접으로 기여했던 나치의 음악 정책에 대해 논해볼 것이다.

1. 협력한 자들

독일에 머문 자들은 대부분 나치 정책과 어떤 식으로든 얽히게 되었다. 그러나 이들 또한 대부분 음악적 생명력을 가지지 못하고 히틀러의 멸망과 함께 사라져버렸다. 드러내 놓고 나치 히틀러를 찬양한 수많은 무명의 어용 음악가들보다 소수이지만 국제적인 영향력으로 나치에게 더 큰 이점을 주었던 슈트라우스, 푸르트뱅글러, 카라얀을 중심으로 살펴보자.

(1) 나치를 이용한 현실주의자 — 슈트라우스

독일에 머문 음악가 중 최고의 명성을 지닌 작곡가 슈트라우스는 1933년 11월 나치 단체인 제국음악협회장으로 추대된다(부회장은 푸르트뱅글러였다). 그는 독일의 전체 음악 분야를 이렇게 통일하는 사건은 역사상 없었다며 나치의 이러한 아이디어를 긍정적으로 평가했다. 또한 이를 가능하게 한 히틀러와 파울 요제프 괴벨스Paul Joseph Goebbels를 높이 칭송했다.

그러나 회장직은 오래가지 못했다. 그는 나치의 유대인 박해에도 불구하고 여전히 유대인 작가 츠바이크와 편지를 주고받았기 때문이다. 게다가 새로 구상하는 오페라 〈말없는 여인Die schweigsame Frau〉을 츠바이크와 함께 만들고자 계속 연락하고 있었다. 이미 낌새를 챈 게슈타포 요원들이 편지를 증거물로 확보하자 문화선전부 장관 괴벨스는 더 이상 슈트라우스를 회장직에 둘 수 없었다. 그의 국제적 명성과 권위에도 불구하고 슈트라우스는 1935년 해임되고[82] 대신 나치당원이었던 음악가 페터 라베Peter Raabe가 제국음악협회 제2대 회장에 취임하게 된다.

그러나 오페라 〈말없는 여인〉이 완성되자, 히틀러는 예외적으로 이 작품의 연주를 허락했다. 드레스덴에서 첫 공연이 있었다. 그러나 이 공연은 순조롭지 못했다. 슈트라우스는 프로그램 팸플릿에 작가 츠바이크의 이름이 유대인이라는 이유로 삭제되자 화를 내며, 만약 그의 이름을 언급하지 않으면 자신도 곧 떠나버리겠다고 위협했다. 결국 노대가의 명성에는 나치들도 어쩔 수 없어 그의 뜻을 따를 수밖에 없었다. 이처럼 대가로서 자신의 명성을 등에 업은 슈트라우스는 자신의 생각과 나치의 정책이 서로 맞지 않을 때는 스스럼없이 행동했으므로 나치들이 그를 곱지 않은 시선으로 보았으리라는 것은 쉽게 추측할 수 있다.

그러나 슈트라우스의 국제적 권위와 명성에 근거한 자존심과 고집이 항상 통하지는 않았다. 이것이 위험한 수위로 발전한 적도 있었는데, 1943년 연합군의 폭격이 심각해져 많은 독일 부상자와 희생자가 생겼을 때였다. 슈트라우스는 부인과 단둘이 뮌헨 근처 가르미쉬Garmisch에 방이 19개 있는 집에 살았으나 부상자와 대피자들을 수용하라는 관청의 요구를 거절했다. 전쟁의 희생자들을 도울 필요에 대해서도, 슈트라우스 자신을 위해 군인들이 싸운다면, 그럴 필요는 없다고 말했다. 게다가 전쟁은 그와는 아무 상관없는 일이라고 말해 나치 관료들의 화를 부채질했다. 이에 그의 집은 강제로 접수되었고, 이 사실은 히틀러에게도 보고되었다. 화가 난 히틀러는 슈트라우스와 개인적인 관계를 가지고 있는 모든 당 책임자들에게 그와의 교제를 중단하도록 명령했다. 더 나아가 히틀러는 대중매체가 80회 생일(1944년 6월 11일)을 맞은 슈트라우스에 대해 특별히 크게 보도하지 말 것을 지시했다. 그러나 지휘자 푸르트뱅글러는 슈트라우스의 생일에 정부 차원의 공식적인 축하가 없다면 국제적으로 그다지 좋은 일이 아니라고 히틀러를 겨우 설득시켰다.[83]

이처럼 나치는 정치적인 이용 가치 때문에 슈트라우스에게 특별대우를 해주었고 예외로 대해주었다. 슈트라우스 역시 이것을 잘 알고 이용했다. 슈트라우스를 통해 나치들은 국제적으로 독일 음악의 권위를 확인할 수 있었으며, 외국에서 수입하는 음악에 대해서도 슈트라우스라는 모범, 즉 유대인도 아니고 '문화적 볼셰비키'도 아닌 '건강한' 독일 음악의 살아 있는 모범으로 제시할 수 있었다. 독일에 남은 작곡가(피츠너, 오르프, 베르너 에크Werner Egk 등) 중에 슈트라우스와 같은 역할을 할 수 있는 음악가는 없었으므로 슈트라우스의 가치는 히틀러도 화를 참아야 할 정도로 대단했던 것이다.

자신의 가치를 잘 알고 있었던 슈트라우스도 나름대로 자신의 이익에 부합하면 히틀러 정부를 찬양하고 돕는 일에 인색하지 않았다. 1934년 제국음악협회 첫 심포지엄에서 회장이었던 그는,

아돌프 히틀러의 권력 장악 이후 독일은 정치적으로뿐 아니라 문화적 영역에서 많은 것이 변했다. 나치 정부가 세워진 지 몇 달도 되지 않아 제국음악협회와 같은 조직이 만들어진 것은…새 독일이 우리의 음악 생활에 새로운 활력을 불러일으키기 위해 뚜렷한 목표를 가지고 수단과 방법을 찾게 될 것임을 잘 보여주고 있다.[84]

라고 히틀러의 문화 정책을 높이 평가하고 있다.

물론 슈트라우스의 이러한 태도는 나치의 반대쪽 진영에도 의문을 남겼다. 슈트라우스가 제국음악협회 회장직을 맡게 되었을 때, 츠바이크가 이에 이의를 제기하자 슈트라우스

는 다음과 같이 편지(1934년 1월 21일 자)에서 스스로를 변호하고 있다.

음악과 극장을 후원하는 새 독일 정부에서 정말 좋은 일들이 있을 것이라 믿었습니다. 그리고 나도 실제로 유익한 일을 할 수 있었고, 불행한 일들을 방지할 수 있었지요.85

음악을 후원하는 나치 정부가 왜 나쁘냐는 식이었다. 게다가 자신이 관여하여 안 좋은 일들을 차단할 수 있다는 자기 역할에 대한 자신감마저 내비치기도 했다. 실제로 슈트라우스는 자신이 말하듯 "단순히 예술적인 책임 의식"에서 회장직을 맡았을지 모르며, 나치 정부가 아닌 다른 정부하에서라도 분명 같은 일을 했을지도 모른다. 그는 예술의 자율성을 믿었기 때문이다.

그러면 나치에 협력한 슈트라우스의 행적을 더 나열해보자. 그는 1936년 베를린 올림픽 개막식 축제를 위해 〈올림픽 찬가Olympische Hymne〉를 작곡하여 나치 정부가 국제적으로 좋은 인상을 받는 데 기여했다. 또 1938년에는 오페라 〈평화의 날Friedenstag〉을 작곡하여 나치 비평가로부터 "국가사회주의 정신에서 탄생한 첫 오페라"라는 칭송을 받고 나치 지도자들의 박수를 받았다. 이 작품은 1940년까지 나치들의 대표적인 오페라로서 100회 이상 공연되었다(물론 종전 이후

1995년까지 거의 공연되지 못하고 잊혀질 운명에 처했다).

또한 동맹국인 일본의 황제를 위해 〈일본 축제 음악Japani-sche Festmusik〉(1941)을 작곡하여 나치 문화 정책가들이 원하는 바를 최대로 만족시켰다. 뿐만 아니라 히틀러가 빈의 시청에 진입한 지(오스트리아 합병) 5주년(1943)이 되는 것을 기념하기 위해 〈도시 빈의 축제 음악Festmusik der Stadt Wien〉을 작곡하기도 했다. 말하자면 나치의 어용 음악가로서의 임무를 충실하게 수행한 셈이다. 게다가 연주회를 직접 지휘하고 빈 시장에게 원본 악보를 자진해서 전달하기도 하는 등 나치 지도자들을 감동시키는 데 성의를 아끼지 않았다.

참고로, 〈애국가〉를 작곡한 안익태가 슈트라우스에게 배우고 유럽에서 활동했던 시기가 바로 이 시기와 겹친다. 1939년부터 제2차 세계대전 중에 안익태는 빈 필하모니, 베를린 필하모니 외에도 독일이 점령한 부다페스트 오케스트라를 지휘했고, 1944년 전쟁 말기에 파리와 로마에서도 〈한국 환상곡〉을 연주했다고 알려졌다. 그러나 몇 장의 사진 외에는 자세한 자료나 기록이 없어 이러한 활약상의 전체 면모를 자세히 파악하기는 힘들다. 게다가 나치와 그가 어떤 관계에 있었는지, 나치 문화 정책과 관련하여 그의 작품이 가지는 의미 등에 대한 연구는 아직 우리 음악학계의 과제로 남겨져 있다.[86]

슈트라우스에게 중요한 것은 자신의 작품이 많이 연주되

어 경제적인 이익과 명성을 얻는 것이었다. 실제로 그는 당시 살아 있는 독일 음악가 중에서 가장 많이 연주된 작곡가였다. 현실주의자였던 그에게 나치들의 인종 정책은 중요하지 않았다. 그는 한 종족이 '유대인이냐 아리아인이냐, 흑인이냐 백인이냐'에는 아무런 흥미가 없었으며, 이들이 청중의 역할을 할 때 비로소 의미가 있었다. 물론 이때에도 연주회 입장료를 지불했느냐 아니냐가 핵심적인 판단 기준이라고 그는 고백한다. 이런 맥락에서 그가 나치의 반유대인 정책에도 불구하고 유대인 작가 츠바이크와 작업을 하고자 한 것은 나치에 저항하기 위해서는 결코 아니었음을 알 수 있다. 그가 예술가를 판단하는 기준은 나치와는 또 다른 이분법적인 것으로 재능이 있느냐 없느냐이지 유대인이냐 아니냐가 아니었다. 그가 츠바이크와 함께 작업한 것도 독일 내에서는 츠바이크에 비견할 어떤 작가도 찾아보기 힘들었기 때문이었다.

그러나 츠바이크에 대한 나치들의 비난에서 보듯이, 예술의 자율성과 예술가의 자유는 나치 정부하에서 원하는 대로 이루어지지 않는다는 것을 충분히 인식할 수 있었을 것이다. 그러나 이러한 인식도 나치 정부하에서 얻는 실제적 이득을 생각하면 그에게 큰 의미가 없었다. 츠바이크와 더 이상 작업을 같이할 수 없게 되자, 슈트라우스는 친나치 문학인 요제프 그레고르Joseph Gregor와 함께 작업하는 유연함을 보였다. 나치 간부들, 특히 괴벨스와 밀고 당기면서 슈트라우스는 자신이 원하는 바를 성취하려 했던 현실주의자였다.

(2) 음악의 비정치성에 기대어―푸르트뱅글러

지휘자 푸르트뱅글러는 나치 시기의 음악가 중 처음에는 자신의 음악관을 나름대로 지키면서 나치의 음악 정책에 저항하지만 결국 나중에 협조한 대표적인 예에 속한다. 작곡가 힌데미트가 그의 현대적 음악 때문에 나치 정책가들의 비난을 받고 어려움에 처해 있을 때, 푸르트뱅글러는 자신의 모든 지위를 이용하여 힌데미트를 보호하려 했다. 그도 슈트라우스처럼 예술인을 유대인과 비유대인으로 구분하는 것에 대해 괴벨스에게 이의를 제기하며, 진정한 예술가(유대인이든 아니든 상관없이)를 적극적으로 보호하려 했다. 그는 괴벨스에게 쓴 편지에서 진정한 예술가는 어차피 소수에 불과한데 이들마저 잃어버린다면 이로 인한 문화적인 타격을 이겨낼 나라가 세상에 없을 것이라며 탄원한다.

그러나 이러한 행동이 나치 정책가로부터 비난을 받게 되어 푸르트뱅글러는 1934년 제국음악협회 부회장직과 베를린 필하모니 지휘자직 등을 모두 사퇴했다. 1935년에는 그도 다른 망명 음악가들처럼 미국으로 떠나려는 생각도 했다. 그러나 그에게 적대적인 반파시즘 성향의 지휘자 아르투로 토스카니니Arturo Toscanini의 방해로(토스카니니가 공개적으로 그에 대해 부정적인 의견을 발표했다) 그는 이 계획을 실천할 수 없었다고 나중에 변명한다. 그러나 그가 적극적으로 망명하려고 마음먹었다면, 그의 높은 예술적 수준과 명망으로 미국에서든 어디서든 일자리를 구할 수 있었을 것이다. 그러나 푸르트뱅글러는 끝내 망명하지 않고 1937년부터 나치와 타협하여 다시 베를린 필하모니 지휘자로 취임하게 된다.

망명과 관련하여 푸르트뱅글러에 대한 일화가 하나 있는데, 나치 정부에 반대하는 바그너의 손녀 프리드린트 바그너 Friedlind Wagner가 푸르트뱅글러에 대해 전하는 일화다. 프리드린트는 바그너의 자손 중 독특한 인물인데 나치를 거부하며 독일을 떠나 망명한 사람이다. 친나치 성향의 바그너 자손 중 돌연변이와 같은 인물이었다. 그녀가 1939년 파리에서 푸르트뱅글러를 만났을 때 푸르트뱅글러는 "어떻게 독일을 떠날 수 있었습니까? 나는 어떻게 하면 좋을까요?"라고 그녀에게 물었다고 한다. 이에 그녀는 "지금 당신은 파리에 있지 않습니까. 독일로 되돌아갈 기차표를 그냥 버리면 되잖아요"라고 대답했다. 그러나 프리드린트는 이미 나치와 타협한 그가 독일을 결코 떠나지 않으리라 추측했다. 그녀뿐 아니라 푸르트뱅글러를 아는 사람은 누구나 그가 독일을 떠날 결정을 하지 않으리라는 것을 확신했고, 또 실제로 그러했다.

푸르트뱅글러는 1934년에서 1937년까지 3년간의 휴지

기간에 작품을 많이 작곡했다. 이 시기에 작곡한 작품들(〈바이올린과 피아노를 위한 소나타 1번 D단조Sonate für Violine und Klavier in d-Moll Nr. 1〉, 〈피아노 5중주 C장조Klavierquintett in C-Dur〉)은 음악에 대한 그의 열정을 유감없이 보여준다. 그가 얼마나 내적 에너지로 충만한지 섬뜩할 정도로 잘 나타내고 있는 이 작품들을 생각해볼 때, 푸르트뱅글러에게 지휘자로서 활발한 음악적 행위 없이 오랜 시간을 서랍에 넣어둘 작품만을 쓰며 침묵으로 견딘다는 것은 매우 힘든 일이었으리라 추측할 수 있다. 그가 1937년 다시 공식적인 활동을 시작한 것도 이러한 욕구와 무관하지 않을 것이다. 그는 가능한 한 정치와는 거리를 두고 오로지 음악만 하리라, 그리고 그렇게 할 수 있으리라 믿었다. 음악만 할 수 있으면 다른 것은 상관없어 보였다.

그러나 괴벨스의 뛰어난 화술과 인간 심리를 꿰뚫는 유인책으로 푸르트뱅글러는 자신도 모르게 점차 나치에 직접 간접으로 협조하지 않을 수 없었다. 괴벨스는 예술가에게는 직접 예술적 감동을 드러내 보이고, 또 그들에게 어느 정도 예술적 자유도 주었다. 그러면서 아주 은밀하고 간접적으로 유인하여 자신이 원하는 방향으로 푸르트뱅글러를 이용하는 데 성공했다. 물론 괴벨스가 보인 음악적 감동은 거짓이 아니라 진짜였으므로 그의 책략은 성공하기에 충분했다. 괴벨스는 1937년 2월 11일 자 일기에서 다음과 같이 전하고 있다. "베토벤 7번 교향곡. 엄청난 거인…등골이 오싹해질 정도다. 표현이 불가능함. 푸르트뱅글러는 마치 하느님처럼 칭송받았다. 지도자와 우리 모두 매혹당했다."[87] 이는 남에게 보이기 위한 것이 아닌 개인적 일기이므로 괴벨스의 진심으로 보아도 좋을 것이다.

물론 음악에 대한 감동도 나치 정책과 무관하지 않다. 실제 히틀러를 비롯한 나치의 지도적 정치가들은 공개석상에서 자신이 음악에 매우 감동하는 청중임을 보임으로써 자신들의 독일성을 과시했던 것이다. 감동할 수 있는 능력은 즉 음악성이 있다는 뜻이며, 이 음악성은 곧 독일인의 선천적인 특징이라는 논리가 성립하기 때문이다.

그러나 이러한 나치 엘리트들의 감동적인 음악 청취는 괴벨스의 일기에서도 보듯이 공개석상에서 보여주기 위한 쇼의 차원을 넘어선다. 실제 히틀러와 괴벨스는 음악에 대해 이야기를 나누고, 히틀러는 '브람스보다 브루크너를 더 선호'했으며, 바그너에 대한 그의 열정은 잘 알려져 있다. 총리가 되기 전에도 히틀러는 매우 힘든 투쟁의 순간이면 부하들도 거느리지 않은 채 홀로 극장에 앉아 바그너의 음악극을 들으며 자신의 정치적 투쟁을 위한 힘을 얻었다고 한다.

음악가로서 오로지 최고 수준의 음악만 할 수 있다면 주위의 정치적 문제들은 상관하지 않겠다는 푸르트뱅글러는 그러나 점점 나치 음악 정책의 중요한 수행자로 빠져들어갔다.

푸르트뱅글러의 뛰어난 역할은 괴벨스가 감동하여 자신의 일기장에 기록할 정도였다. 1939년 11월 22일 "그는[푸르트뱅글러] 외국에서 우리를 위해 위대한 업무를 수행했다"라고 괴벨스는 적고 있다. 또 1940년 1월 9일의 일기에는 "푸르트뱅글러가 스위스와 헝가리 연주 여행에 대해 보고했다. 그는 가는 곳마다 큰 성공을 거두었다. 우리는 그를 아주 잘 이용할 수 있을 것이다. 요즘 그는 우리의 요구에 아주 잘 응하고 있다…그는 우리의 음악적 명예를 드높이기 위해 프라하로 가려고 한다. 이것은 정말 중요한 일이다"라고 쓰고 있다.[88] 좀 더 지나 1940년 6월 20일에는 "그는 이제 진짜 쇼비니스트(광신적 애국주의자)가 되었다"라고 괴벨스는 기뻐하고 있다.

푸르트뱅글러는 자신의 연주가 성공적이어서 기뻐했지만 괴벨스는 푸르트뱅글러와 베를린 필하모니가 '나치 외교관'보다 더 훌륭한 역할을 한 것에 기뻐했다. 이는 동상이몽이 아닐 수 없다. 결국 푸르트뱅글러는 자신의 음악 행위로 "독일 민족의 음악적 영혼의 신화를 구체적으로 보여주려는" 나치 음악 정책의 목표에 혼신을 다해 기여하게 된 것이다.

푸르트뱅글러는 나치에 동조되어 협조한 다른 음악가들과는 달리 개인적 차원에서 유대인 음악가들을 보호했을 뿐 아니라, 나치들이 금지한 음악도 가끔 연주하여 나치 문화 정책에 완전히 순종하지 않고 예술가로서 신념을 나름대로 실천하고자 했던 특별한 음악가임에 틀림없다. 그가 이끄는 110명의 베를린 필하모니 단원 중 나치 당원은 8명에 불과했다는 사실도 그에게 정치적 요소는 예술에 결정적인 것이 아님을 나치들에게 분명히 보여준 것이다.

그러나 그가 간접적으로 나치의 문화 정책에 효과적으로 기여한 행위를 넘어서서 1944년에는 "반(反)유대인 국제회의"(그러나 이 회의는 개최되지 않았다)의 간판스타 역할까지 맡게 된 것은 나치 치하에서 순수하게 예술만 하겠다는 다짐이 얼마나 허무한 것인지 단적으로 보여준다.

(3) 출세의 기회로—카라얀

1933년 푸르트뱅글러가 일류 지휘자이자 음악가로서(물론 초기에 국한되지만) 나치 정책에 대항할 정도의 예술적인 자기 확신과 능력이 있었던 반면, 아직 출세를 향해 발돋움하는 젊은 지휘자 카라얀은 어떤 식으로든 나치의 득세를 직업적 성공의 발판으로 삼고자 했다. 유대인인 브루노 발터나 오토 클렘페러, 프리츠 부슈 등의 일급 지휘자들이 외국으로 망명한 후 생긴 독일 음악계의 빈틈은 카라얀에게 절호의 기회였다.

음악에 관한 한 수긍하기 힘든 요구에는 나치의 권력자에게도 자기 목소리를 낼 줄 알았던 푸르트뱅글러의 예술가적 기질을 카라얀은 보이지 않았다. 그의 태도는 오히려 어떻게 해서든 나치의 은혜를 받아 출세해보려던 많은 이류 음악가들의 태도와 유사해 보인다. 오스트리아가 독일과 합병되기 전인 1933년 4월에 이미 그는 잘츠부르크의 나치당에 가입(당원 번호 1607525)했고, 같은 해 5월에는 독일의 울름 지역 나치당(당원 번호 3430914)에 가입하는 적극성을 보였다. 그런데도 카라얀은 전쟁 후에 자신에 대한 비난을 무마하기 위해 자신이 독일 아헨의 음악총감독 자리를 맡기 위해 1935년 부득이 나치당에 가입해야 했다고 주장한다.

> 내가 당원이었다는 것은 결코 비밀이 아니다. 나는 1935년 아헨에서 음악총감독이 되려 할 때 당원이 되었다. 내가 숙원해온 목표를 바로 눈앞에 둔 3일 전에 시장이 내게 와서 이렇게 말했다. '여기 처리할 서류가 있습니다. 당신은 아직 당원이 아니지요. 지역구의 당 책임자에 따르자면 이 자리는 당원이 아니고는 맡을 수 없습니다.' 그래서 나는 서명했다.[89]

물론 당시 다른 도시의 음악총감독 중에 당원이 아닌 사람들도 있었으나, 아헨의 나치당 최고지도자가 당적을 요구했다는 것은 카라얀의 말대로 사실일 가능성이 높다. 그러나 이미 당적을 가지고 있던 카라얀이 어쩔 수 없이 당원이 되었다고 하는 말은 어불성설이다.

이미 세계적으로 인정받은 푸르트뱅글러나 슈트라우스와

달리 음악적 능력만으로 대가의 대열에 설 수 없었던 카라얀은 더 적극적으로 나치들에게 협조할 필요가 있었다. 한번은 그가 대중매체에다 너무 지나치게 스스로 자화자찬하여 푸르트뱅글러에게서 싫은 소리를 들어야 했다. 푸르트뱅글러는 이류밖에 되지 않는 카라얀의 꼴불견을 봐주기가 힘들었던 것이다. 이는 푸르트뱅글러가 카라얀의 치솟는 인기에 대해 시기했다고 해석할 수도 있다. 그러나 푸르트뱅글러에게 카라얀은 예술적인 경쟁 상대로 여겨지지 않았으니 꼭 그런 것 같지도 않다. 괴벨스도 1940년 12월 22일 자 일기에서 "[푸르트뱅글러와 카라얀의 언쟁에서] 푸르트뱅글러가 옳았다. 결국 [카라얀이 아니고] 푸르트뱅글러가 세계적인 대가이니까"[90]라고 푸르트뱅글러의 편을 든다. 괴벨스 역시 카라얀의 음악적 능력을 그리 높게 평가하지 않고 있음을 알 수 있다.

그러나 우리나라에서 카라얀은 푸르트뱅글러보다 훨씬 유명한 지휘자로 알려져 있다. 1935년 형편없는 아헨의 오케스트라를 지휘하기 전까지 카라얀의 음악적 능력은 그리 돋보이지 않았다. 슈트라우스가 유대인 츠바이크 때문에 제국음악협회 회장직에서 물러남으로써 페터 라베가 이 자리에 오르게 되었고, 이로써 그가 지휘하던 아헨의 음악총감독 지리가 카라얀에게 넘어갔다. 카라얀에게는 행운이었다. 그러나 다른 이류 지휘자들도 카라얀처럼 당원이 되고 게다가 카라얀 못지않게 적극적으로 나치에게 협조했지만 카라얀처럼 놀라운 성공 가도를 달린 사람은 거의 없었다.

카라얀은 항상 잘 알려져 있는 곡들만 선택했고, 자연스럽게 레퍼토리도 매우 한정되어 있었다. 이것이 대중적 성공의 비결이었을까. 그는 사람들이 좋아하지 않는 현대음악이나 잘 알려져 있지 않은 작곡가의 음악에 대해서는 별로 관심이 없었다. 이것은 그가 유명해져 더 이상 청중의 입맛에만 맞출 필요가 없어졌을 때에도 마찬가지였다. 사람들에게 새로운 것, 낯선 것을 연주하고 감행할 때에는 나름대로의 예술적 원칙이나 뛰어난 음악적 통찰력이 있어야 가능할 것이다. 카라얀에게 이런 것들은 그리 중요하지 않은 듯하다. 대신에 그는 나치들이 선호하고 일반 대중이 좋아하는 낭만적이고 감상적인 분위기를 강조하는 데 음악적 해석의 비중을 두는데, 이것 역시 성공에 한몫했을 것으로 보인다.

그래도 카라얀의 대중적 성공은 논리적으로 설명하기 힘들고 예측하기 힘든 면이 있다. 하지만 쉽게 추측할 수 있는 것은 일류 유대인 지휘자들이 독일을 떠날 필요가 없었더라면 카라얀의 혜성 같은 등장은 쉽지 않았으리라는 점이다.

독일이 패망한 후, 카라얀을 심문하던 미 점령군 장교는 카라얀이 나치 당원으로 나치에 협력했다는 과거를 잘 알면서도 그에게는 "음악이 생존을 의미하는, 음악만이 중요한 광신자"[91]라고 평가하고 카라얀의 과오를 크게 문제 삼지 않았다. 이 미군의 태도에도 음악을 현실이나 정치와는 무관한 것으로 보는 관점이 깔려 있어 슈트라우스, 푸르트뱅글러, 카라얀의 주장과 같은 맥락에 놓여 있다. '음악은 음악일 뿐이며, 나는 음악을 했을 뿐이다'라는 주장이 이들 나치 음악가들에게 얼마나 편리한 방패가 되는지 잘 보여주는 예라 할 수 있다.

2. 침묵한 자들

(1) 음악적 진보성과 정치적 사고의 모순─안톤 베베른

쇤베르크의 제자 안톤 베베른은 빈 악파의 핵심 인물 중 한 사람으로 독일이 1938년 오스트리아를 합병한 후에도 그곳에 남아 있었다. 스승 쇤베르크는 이미 미국으로 망명했고, 동료인 베르크는 1935년 병으로 죽어 음악적으로 교류가 끊어진 외로운 상태였다. 빈의 많은 음악가들이 나치가 접수한 오스트리아를 떠났지만 베베른은 떠날 이유를 느끼지 못한 것 같다. 여러 가지 이유가 있겠지만, 그가 개인적으로 오히려 나치에 대해 호감을 가졌기 때문인 듯하다. 자신의 작품 연주 계획이 나치에 의해 수포로 돌아간 1933년의 경험을 그는 오래 간직하지 않았다. 독일음악단체(ADMV)에서는 매년 현대음악을 연주하는데 1933년에는 베베른의 음악이 연주될 계획이었다. 그러나 괴벨스가 이 단체를 의심하여 연주 계획은 취소되고 후에 이 단체도 나치의 어용 음악 기관이 되었다.

이 사건이 간접적으로 말해주듯이 나치는 암적인 존재로서 12음 음악을 비롯한 현대음악을 배척했다. 그러나 베베른은 이에 개의치 않고 자신의 작곡 방법을 고수한다. 물론 작곡을 해도 독일이나 점령된 오스트리아 내에서 연주될 가능성이 거의 없었다. 이를 알고 있었지만 베베른은 혼자서 12음 기법을 발전시켜나갔다. 그의 칸타타 〈눈의 광채Augenlicht〉는 1941~1943년에 작곡되었는데, 쇤베르크가 고안한 12음 음악보다 한 걸음 나아간 것이었다. 그래서 베베른은 종전 후의 젊은 아방가르드 세대에게 스승 쇤베르크보다 더 큰 영향을 미치게 된다.

1941년 나치들이 작성한 보고서에 따르면, 그는 원래 1933년 이전에는 사회당(SPD)에 가까운 정치 성향을 가졌으나 이제 나치를 신뢰하며 나치 신문을 구독하는 나치 지지자가 되었다고 한다. 그의 아들 중 한 명은 나치가 비합법적 단체였을 시기에도 함께 활동한 골수 나치 지도자였으며 딸도 빈의 나치 단체에 속한 열렬 당원이었다. 이러한 아들딸을 베베른은 자랑스럽게 여겼던 것 같다.

나치 보고서처럼 실제로 베베른은 1933년 초까지도 아이슬러와 친밀한 교분을 가졌으며, 그의 음악을 높이 평가하여

〈노동자를 위한 합창곡〉을 지휘하기도 했다. 그리고 초기에는 유대인인 스승 쇤베르크와도 편지 왕래가 있었으나 점차 친나치화되는 베베른의 반유대적인 발언으로 연락이 끊어졌다. 그는 나치의 지배가 길어질수록 그렇게 존경해 마지않던 스승 쇤베르크의 음악마저 유대인의 음악이라서 형편없다고 스스럼없이 말하곤 했다.

물론 이것은 개인적인 발언이었다. 공적 활동을 하지 않았으니 그의 영향력은 소수의 친분 있는 음악가들에 국한되어 있었다. 그중 한 사람이 하르트만이었는데, 그는 베베른을 방문하여 한동안 몰래 12음 음악을 배웠다. 그러나 하르트만은 베베른의 정치적 발언에 대해 늘 마음이 상했음을 부인에게 보낸 편지에서 고백하고 있다.

하르트만에 따르면, 베베른은 사회 질서를 위해서는 당국에 복종해야 하며 어떤 희생이 있더라도 국가를 인정해야 한다고 믿고 있다는 것이었다. 무정부주의 경향을 가진 하르트만의 관점과는 정반대였다. 그러니 하르트만으로서는 수많은 사람들을 궁지에 몰아넣고 학대하는 나치들을 옹호하는 베베른의 말을 듣기가 거북했고, 이와 함께 그에게 음악적 가르침을 받는 것도 오래가지 못했다.

당시에는 나치가 실세로 등장하면서 좌파 쪽에서 활동하던 예술인들이 나치 쪽으로 전환하는 경우는 흔히 볼 수 있는 현상이었다. 나치에게 쫓기던 에른스트 부슈도 1933년

3월 초에 베를린의 한 카페에서 이전에 함께 행동하며 좌파라고 믿었던 동료들이 나치 당원의 상징(卍: 하켄크로이츠)을 달고 앉아서, "우리는 오랫동안 이때를 기다렸네. 텔만(독일 공산당 지도자)은 우리에게 직업을 구해주지 못했거든. 이제 히틀러가 어떤 일을 할 수 있는지 기다려볼 거라네"[92]라고 말하는 것을 들었다. 그리고 이들은 바로 다음 날, 나치 신문에 부슈가 아직도 베를린에 있음을 알리는 스파이가 되어 있었다(이런 세상이었다!).

부슈의 동료들에 비하면 베베른은 훨씬 더 모순적이다. 그는 금지된 음악을 작곡하고 있었으며, 또 몰래 하르트만을 가르치는 입장이었다. 베베른은 직업을 위해 나치에게 동조하는 것도 아니었으며, 또 유대인 쇤베르크의 제자였기 때문에 받는 의심에서 벗어나기 위해 전략적 태도를 취하는 것도 아니었던 듯하다. 그에게는 음악과 정치는 전혀 상관없는 별개였다. 그는 자신의 음악적 욕구에 따라 12음 음악을 누가 뭐라든 계속 작곡하는 한편 아들딸의 영향을 받아 나치의 좋은 점을 스스로 신뢰했다. 그렇다고 나치당에 가입하는 등의 공식적인 협력 태도는 보이지 않았다. 슈트라우스나 푸르트뱅글러와 달리 그는 자신의 음악을 위해 나치를 이용하려는 시도도 하지 않는다. 이것은 어쩌면 그가 추구하는 음악이 아무리 타협한다 해도 나치들의 취향과는 아예 처음부터 어긋나 있었기 때문일지도 모른다.

그의 음악적 진보성은 정치적 행동과 모순을 보인다. 그러나 복잡해 보이고 모순되어 보이는 베베른의 태도는, 음악은 음악이고 정치는 정치라는 관점을 그 누구보다 철저하게 반영한다. 슈트라우스나 푸르트뱅글러의 경우에는 자신의 이익을 추구하는 자기 변호적 주장으로 볼 여지가 명백했지만, 베베른의 경우에는 그런 이득을 계산한 행동으로 보기 힘들다.

(2) 내적 망명―카를 아마데우스 하르트만

베베른은 음악적으로 나치의 정책에 따르지 않고 타협하지 않았지만, 그것이 곧 저항의 의미를 띤다고 보기는 힘들다. 이에 비해 짧은 기간 동안 그의 제자였던 하르트만은 좀 더 적극적인 의미에서 나치에 반대한 '내적 망명'이라는 용어가 어울리는 음악가이다.

그는 1933년부터 모든 독일 음악가들이 등록하도록 되어 있는 제국음악협회의 회원이 되기를 거부하고 공식적인 음악 활동과는 담을 쌓고 지냈다. 그는 유대인이 아니었으므로 독일에 머무는 것 자체는 문제가 되지 않았다. 그러나 독일 내에서는 작품 연주나 출판이 허용되지 않는 상황이었으므로 망명을 생각해볼 수도 있었으나, 이것도 현실적인 측면을 고려해볼 때 쉽지 않았을 것이다. 당장 생존의 문제에 부딪칠 수밖에 없었기 때문이다. 아직 이름이 알려져 있지 않은 무명 작곡가로 외국에서 일자리를 구할 수 있는 확률은 거의 없었다. 게다가 돌보아야 할 어머니를 혼자 두고 떠나기에 망명의 벽은 너무 높았다. 하르트만의 경우에는 가족 문제 도 망명을 포기하게 된 중요한 이유가 되었다. 그는 고향 뮌 헨에 머물면서 외부와 관계를 끊고 '내적 망명' 속에서 혼자 미래를 위한 작품을 썼다. 그리고 구멍가게 운영으로 생계를 유지하며 12년의 나치 시대를 견뎌낸다. 언젠가 해방의 날이 오리라 믿으며.

물론 이때 외부는 독일 사회를 의미한다. 그는 독일 사회 와는 관계를 끊었지만 오히려 독일 바깥 세계와의 접촉은 끊 임없이 찾았다. 스위스로 망명한 지휘자 헤르만 셰르헨Her- mann Scherchen과는 계속 은밀히 연락을 취했으며, (이미 언 급했듯이) 1941년부터 1942년까지 빈 근처에 있는 베베른 을 찾아가 작곡을 배우기도 했다. 물론 베베른에게는 음악적 으로 그리 큰 영향을 받지 않았다고 한다. 독일에서는 연주 가 불가능했던 하르트만의 몇몇 작품이 셰르헨의 추천과 격 려로 프라하, 런던, 브뤼셀 등에서 제한적이나마 연주되기도 했다.

대부분의 독일 음악가들이 대가는 대가대로 무명인은 무 명인대로 새로 등장한 히틀러 정권과 타협하고 협력하여 직 업적으로 성공하려 했으며 예술적으로 인정받으려는 유혹 때문에 객관적인 현실을 제대로 보려 하지 않고 눈감아버리는 오류를 범했던 것을 고려해볼 때, 하르트만의 나치 정권에 대한 정확한 판단은 놀라웠다. 특히 하르트만에게 내적 망명은 꽃이나 숲에 대한 수많은 자연 서정시를 쓴 독일 작가 페터 후헬Peter Huchel이나 빌헬름 레만Wilhelm Lehmann과 같은 문학인의 내적 망명처럼 자기 내부로 침잠이라는 수동적이고 나약한 의미를 갖지 않는다. 이들과 달리 하르트만은 적극적인 형태로 저항했다. 즉 그의 저항은 위험을 동반한 구체적인 것이었다. 그는 사회주의자, 공산주의자들이 함께 활동하는 비밀 그룹이었던 '새로운 시작'이라는 단체를 도왔다. 그는 정치적 이유로 또는 유대인이라는 이유 때문에 생명의 위협을 받는 사람들을 숨겨주고 생활필수품을 몰래 제공하는 위험한 일을 맡았다. 이 단체는 1938년 발각되어 해체되지만 다행히 하르트만은 체포되지 않는다.

이러한 실제적 저항운동에 가담할 뿐만 아니라, 하르트만은 작품 속에서도 자신이 나치 정책에 대해 어떤 생각을 가지고 있는지 음악적으로 직접 표현했다. 이 또한 비밀스러운 저항운동처럼 용기가 필요한 일인데, 친구들은 그의 이러한 태도 때문에 혹시 생명의 위협이 따르지 않을까 걱정할 정도였다.

하르트만의 저항은 음악적으로 다양한 형태를 띤다. 1933년에 쓴 〈현악 4중주 1번Erstes Streichquartett〉에서 그는 유대인의 노래 〈선지자 엘리아Elias der Prophet〉를 주제 삼아 나치들의 반유대인 정책에 대한 자신의 비판을 직접 드러낸다. 또한 그의 교향시 〈불행Misere〉(1934)에서 하르트만은 "백번이나 죽어야 했던 나의 친구들, 영원히 잠드네. 우리는 너희들을 잊지 않는다"라는 문구를 써서 나치 집단수용소 다하우의 희생자에게 작품을 헌정하기도 한다. 만약 이런 악보가 나치에게 발견된다면 그는 분명 위험에 처할 가능성이 높았다.

뿐만 아니라 독일의 17세기 30년전쟁을 배경으로 씌어진 한스 야코프 크리스토펠 폰 그리멜스하우젠Hans Jacob Christoffel von Grimmelshausen의 역사소설 《짐플리치시무스*Simplicissimus*》를 대본으로 오페라 〈짐플리치우스 짐플리치시무스의 소년기Des Simplicius Simplicissimus Jugend〉를 작곡한다. 전쟁을 반대하는 휴머니즘 정신이 주제라 할 수 있는 이 작품의 주인공은 양치기 짐플리치우스이다. 그는 아무 생각 없이 농가로 가는 길을 묻는 용병들에게 길을 가르쳐주었다가 그 농가가 완전히 약탈당하고 파괴되는 것을 보고 자신의 과오를 뼈저리게 느끼게 된다. 농부들의 복수가 두려워 도망치지만 결국 그도 나중에는 지배자의 억압에 분노한 농부들의 혁명에 가담하게 된다는 내용이다. 하르트만은 이 오페라에서도 유대인의 노래 선율인 〈선지자 엘리아〉를 인용한다. 그는 이 작품을 우선 서랍 속에 넣어두는데, 역사적으로는 다른 배경이지만, 나치가 잔인하고 무지막지한 지배자에 대항하는 내용의 오페라를 결코 용납하지 않을 것이기 때문이다. 그러다 1940년 벨기에 방송국에서 이 작품을 연주하기로 계획했으나 안타깝게도 연주 직전 취소되고 만다. 이때는 독일 군대가 벨기에에 막 진군하려는 순간이었는데, 벨기에 방송국이 나치 정부의 정치적 압력에 굴복한 것이다.

나치 시기 동안 서랍 속에서 때가 오기를 기다리고 있던 그의 작품들은 모두 전쟁 후에 빛을 보게 된다. 저항 음악가로 떳떳했던 하르트만의 존재는 무엇보다도 독일 음악가의 알리바이를 증명하는 고귀한 가치를 발휘했다. 전후의 폐허와 문화적 빈곤 속에서, 나치에 협력했던 음악가들이 과거 청산 문제로 물의를 빚고 있던 상황이기에 더욱 그러했다. 하르트만은 예술은 예술이고 정치는 정치라는 이분법적 논리가 아니라, 둘이 뗄 수 없는 관계에 있음을 몸소 보여준 보기 드문 음악가이다.

(3) 주변에서 활동한 여성 음악가―펠리치타스 쿡쿡, 일제 프롬 미하엘스

지금까지 독일에 머문 유명한 남성 음악가들을 위주로 이야기했다. 망명 음악가 중에도 여성 작곡가가 드물었듯이 독일에 머문 여성 작곡가에 대해서도 많이 알려지지 않았다. 펠리치타스 쿡쿡과 일제 프롬 미하엘스라는 두 명의 여성 음악가에 대해 이야기하면서 나치 음악 문화의 주변에서 활동한 여성 음악가들의 경우를 단편적으로나마 이해해보고자 한다.

피아니스트이며 음악 교육가이기도 했던 펠리치타스 쿡쿡은 유대인이었지만 아리아인과 결혼함으로써 독일에서 살아남을 수 있었다. 원래 가졌던 유대인 이름 대신 아리아인 남편의 성 '쿡쿡'을 사용함으로써 전쟁이 끝날 때까지 발각되지 않고 아리아인 행세를 할 수 있었다. 게다가 유대인은 들어갈 수 없는 제국음악협회에 작곡가로 등록되기도 했는데, 이는 나치들의 유대인 색출 작업이 얼마나 허술했는지 보여주는 하나의 예다. 그녀는 유대인이라는 의심조차 받지 않았다. 유대인 성을 가진 그녀의 부모는 1939년 영국으로 망명했지만, 그녀는 독일에 남아 다른 유대인 교사를 숨겨주기도 하면서 나치 시기를 이겨냈다.

펠리치타스 쿡쿡이 용기가 대단한 여성임은 베를린 음대에서 피아노 공부를 끝낼 때 시험곡으로 힌데미트의 소나타를 연주한 사실에서도 드러난다. 이 당시(1937년) 힌데미트는 나치 문화 책임자들로부터 비난받던 불리한 상황에 있었으므로, 힌데미트를 연주하는 것은 어쩌면 위험한 행위일 수도 있었다. 이를 만류하는 피아노 선생의 조언에도 불구하고 그녀는 고집대로 감행했다. 그 결과 그녀는 당장 수업 금지라는 조치를 받게 되었다는 일화가 있다.

유대인이면서도 나치들과 이웃을 속이며 용감하게 활동했

던 쿡쿡과 달리 함부르크에서 피아니스트로 유명했고 작곡가이기도 한 일제 프롬 미하엘스는 유대인이 아니었다. 그러나 그녀의 경우는 쿡쿡과 반대로 남편이 유대인이었기에 오히려 어려움을 당했다. 유대인과 결혼한 여자들이 모두 그런 것은 아니었지만 이혼을 하지 않는 것은 그녀에게 불리하게 작용했다. 그로 인해 직업적 활동이 금지되었기 때문이다. 1934년 이후, 직업적으로나 사회적으로 고립된 상태에서 프롬 미하엘스는 망명하지 않고 나치가 물러날 때까지 조용히 혼자서 미래를 위해 작곡을 하며 어려움을 이겨냈다.[93]

여기서 한 가지 결코 간과할 수 없는 남녀 차이를 언급하지 않을 수 없다. 쿡쿡의 예외적인 경우를 제외하면 부인이 유대인인 아리아인 남편들은 많은 경우 이혼을 하거나, 이혼을 하지 않을 경우에는 주로 망명을 선택했다. 그러나 남편이 유대인인 아리아인 부인들은 이혼을 하지 않고 어려움을 견디고자 했다. 그리고 마침내 남편의 아우슈비츠 이송이 현실화되었을 때, 1943년 2월 베를린에서 있었던 사건이 보여주듯, 나치들에게 항의하여 남편을 되찾기도 했다.[94] 남성의 이혼은 흠으로 보지 않아도 여성의 이혼은 사회적으로 꺼리던 가부장제 덕분에 생명을 건진 것은 (여기서도) 주로 남성이었다. 이에 반해 이혼딩한 유대인 여성들은 어떤 보호막도 없이 이중으로 희생된 경우가 흔했다.

3. 나치의 음악 정책에 동조

괴벨스의 일기가 적나라하게 보여주듯이, 지금까지 언급된 음악가들 중 하르트만, 베베른, 프롬 미하엘스처럼 공적인 음악 활동을 아예 포기한 음악가들 외에 나머지는 모두 직접 간접으로 나치의 음악 정책을 거들었다고 할 수 있다. 이제 나치에 협력한 자들이 기여한 음악 정책은 어떤 것인지 알아보자. 먼저 피로 얼룩진 베토벤 음악의 수용을 통해 그 한 단면을 살펴보고, 현대음악과 재즈 음악을 배척하는 나치 이데올로기를 살펴볼 것이다. 특히 매우 복잡하게 전개되는 재즈 음악 배척 정책은 나치 문화 정책의 전반적인 면모를 이해하는 데 도움이 되므로 좀 더 자세히 서술하고자 한다.

앞에서 예술음악가들만 언급했는데, 이들이 나치의 재즈 음악 정책과는 어떤 관련이 있는지 의문이 들 수 있다. 실제로 이들은 재즈 음악 정책에 직접적으로 기여하기보다 나치의 음악 정책이라는 큰 톱니바퀴가 잘 돌아가도록 구조적인 의미에서 도움을 주었다고 해야 더 정확할 것이다.

그리고 참고로 나치의 음악 정책에서 바그너 음악(또한 브루크너 음악)이 차지하는 부분 역시 중요하나 여기서는 생략하고자 한다. 토스카니니와 같은 반나치 음악가가 바이로이트에서 바그너 음악을 지휘하기를 거부했듯이 직접적으로 나치 음악의 대표적 간판 역할을 한 바그너 음악은 다른 기회에 좀 다른 맥락에서 접근해보고자 하기 때문이다.

(1) 베토벤 컬트와 그 모순적 수용

나치 시기를 비판적으로 다루는 아방가르드 영화와 연극에서 항상 빠지지 않고 등장하는 음악이 있다. 그것은 왜곡된 베토벤 음악과, 추하게 꼬이거나 패러디되어 귀를 자극하는 독일 국가(國歌)이다. "독일이여, 세상 모든 것 위에 서 있는 독일이여!"로 표현되는, 자부심이 지나친 독일 국가가 이런 대접을 받는 것은 이해할 수 있지만 베토벤 음악은 도대체 어떤 역할을 했기에 이런 대접을 받는 것일까? 푸르트뱅글러는 청중이 전율을 느낄 정도로 베토벤을 최고 수준으로 연주했지만, 왜 이것이 나중에 문제가 되었을까?

이 문제에 접근하기 위해 베토벤 음악이 1930년대 독일인에게 어떻게 수용되고 이용되었는지 살펴보고자 한다.

ㄱ. 독일인의 우월성을 보장하는 민족적 영웅으로서의 베토벤

1933년 나치 정부 초기에는 독일 국민의 대다수가 히틀러를 지원한 것이 아니었으며, 제1차 세계대전의 패배감으로 인한 독일인의 심리직인 상처가 아직 아물지 않은 상태였다. 독일의 루르 지역은 프랑스에 의해 점령되고, 알자스로렌과 단치히를 잃어버려 자존심이 상한 독일 국수주의자들에게는 와해돼버린 전쟁 이전의 세계를 대신할 새로운 세계가 아직 없는 공백의 상태였다. 이때 독일인의 심리 상태를 정치적으로 잘 이용한 히틀러는 민족 지도자로 자처하며, 열등감과 복수의 감정이 뒤범벅된 보수주의자들에게 강한 독일 제국과 민족 공동체를 건설할 것을 약속했다. 나치는 이러한 정치적 선전을 퍼뜨릴 때 말과 논리로 설득시키기 힘든 것을 국민들이 쉽게 받아들이게 하는 데 음악의 능력을 이용했다. 이들은 회의와 의심을 믿음과 동의로 전환시키는 데 음악이 탁월한 역할을 수행할 수 있음을 잘 알고 있었기 때문이다.

이때 베토벤이 자연스럽게 독일인의 우월성을 눈과 귀로 확인할 수 있게 하는 대표적인 음악가로 부각되었다. 실제 베토벤 음악은 상처받은 자존심에 분명 큰 위로가 될 수 있었으며, 음악에 관한 한 독일인의 우월성을 확신하는 중요한 근거가 되었다.

거의 모든 크고 작은 나치 기관의 오케스트라는 기회만 있으면, 행사와 음악이 서로 맞건 맞지 않건 베토벤 곡을 연주했다. 1934년 제국 당대회에서 히틀러가 등장할 때면 베토벤의 〈에그몬트 서곡Egmont-Ouvertüre〉이 연주되었으며, 1937년 히틀러의 생일 축하연 때는 푸르트뱅글러의 지휘로 베를린 필하모니가 베토벤의 〈9번 교향곡〉을 연주했다. 바이로이트에서 열린 바그너 음악극 연주 개막식도 어김없이 베토벤의 〈9번 교향곡〉으로 시작되었다(1933년에는 슈트라우스가 지휘했다). 그리고 1934년 바이마르의 실러 탄생 175주년 탄생 기념식에서도 작곡가 한스 피츠너가 괴벨스의 연설을 장식하며 베토벤의 〈9번 교향곡〉을 지휘했다.[95] 이러한 행사를 통해 베토벤에게 지도자상을 부각시키고, 베토벤과 히틀러를 연결하려는 시도가 자주 일어났다. 1933년부터 나치당의 문화기관지로 변신한 음악잡지 《디 무지크Die Musik》에서는 '독일 음악의 민족화'라는 슬로건을 걸고 독일 음악의 두 축을 베토벤과 바그너로 보며, 이 둘의 행복한 결합이 히틀러에서 이루어졌다고 아첨하기까지 했다. 민족의 영웅인 베토벤에 대한 지지는 민족의 지도자를 자처하는 히틀러에게로 쉽게 전환될 수 있었다.

히틀러는 제2차 세계대전이 일어나자 "한 사람의 독일인인 베토벤이 음악적으로 과거와 현재의 모든 영국인을 합친 것보다 더 많은 것을 이루었다"라고 독일인의 우쭐함을 더욱 부채질하는 발언을 한 바 있다.[96] 물론 이런 표현은 히틀러에게서 처음 나타나는 것도 아니다. 이미 로베르트 슈만Robert Schumann은 1838년 "베토벤과 같은 사람 하나가 외국 천재 6명과 맞먹는다"[97]고 일기에 적고 있다. 그 외에도 수많은 독일 민족주의자들이 베토벤의 천재성을 얘기해왔으므로 베토벤을 통해 독일 음악의 우월성과 독일 민족의 음악적 우월성을 말하는 것은 독일인에게 전혀 낯설지 않았다.

이런 맥락에서 나치의 베토벤 찬양은 국민들을 자신의 편으로 이끄는 데 더없이 좋은 수단이 되었다. 특히 "모든 사람은 형제다"라고 노래하는 베토벤의 〈9번 교향곡〉은 음악적으로 우수한 독일 민족 공동체의 형성에 대한 환상을 주는 데 딱 맞는 작품이었다.

ㄴ. 나치 정부의 평화적 외교관으로서의 베토벤

베토벤은 독일 내에서 독일인의 우월성을 보장하는 상징으로서 역할을 훌륭히 수행한 반면 대외적으로는 나치들의 진정한 속셈을 가리는 알리바이 구실을 했다. 1936년 베를린에서 올림픽이 개최되었을 때, 히틀러는 베토벤 9번 교향곡의 합창 〈환희의 송가Ode an die Freude〉를 6,000여 명의 베를린 중·고등학생들을 동원하여 개막식에서 부르게 했다. 웅장하고도 뛰어난 연출에 대한 반응은 매우 긍정적이었으며, 당시 국제올림픽위원장은 개막식 행사에 탄복하여 독일 국민과 히틀러에게 감사를 전하기까지 했다. 유대인에 대한 테러로 세계로부터 빈축을 샀던 독일 정부가 "모든 사람은 형제다"라는 〈환희의 송가〉로 나치당이 폭력단체가 아니라 평화적인 정부라며 눈가림을 한 것인데 이것이 좋은 효과를 거둔 것이다. 그러나 얼마 가지 않아(2년 후 오스트리아 합병을 시작으로) 히틀러의 침략전쟁과 팽창정책이 그 정체를 드러낸다는 사실을 우리는 역사를 통해 잘 알고 있다.

베토벤의 음악이 '나치의 외교관'으로서 훌륭한 역할을 한

데에는 "미적 향유를 주는 일종의 피난처로써 잠시 잔인함을 잊게 하는"[98] 기능이 한몫했던 것 같다. 베토벤의 〈9번 교향곡〉은 나치 시기 전체를 통틀어 자주 연주되었는데, 특히 전쟁중인 1941년과 1942년의 모든 교향곡 레퍼토리에서 가장 많이 연주되었다는 통계[99]가 이러한 사실을 뒷받침해준다. 이미 1927년 베토벤 서거 100주년 기념행사에서 패전한 독일과 오스트리아의 국수주의자들에게 베토벤의 음악은 마음의 상처를 치유하고 '위로를 주는 음악'이었음을 앞에서도 보았다. 이제 반대로 독일군에게 점령당한 프랑스인에게도 베토벤은 "다른 누구보다도 인간의, 모든 인간의 가슴에 와 닿는 작곡가"였다.[100] 독일군에 점령된 프랑스 라디오와 연주회장에서는 독일 음악가들의 지휘 하에 베토벤 〈9번 교향곡〉이 자주 연주되었다. 당시 서술된 레지스탕스 소설들은 음악이 예술 가운데 가장 정복자의 목적에 기여했다고 주장하는데, 이것은 소설적 상상력 이상으로 설득력을 가진다.

ㄷ. 레지스탕스에게는 저항의 상징, 희생자들에게는 위로와 희망의 음악

아이러니컬한 것은 나치의 베토벤이 독일인의 우월성과 정복자로서 승리를 상징하고 있었던 반면에 프랑스의 레지스탕스나 나치 반대자들에게도 베토벤의 음악은 '자유의 이상이 표현된 것'으로 받아들여진 것이다.

이미 오래전부터 런던 BBC 라디오 방송의 주제 멜로디인 베토벤 〈5번 교향곡〉 서두의 '바바바밤' 모티브는 1941년 BBC 벨기에 방송이 빅토리-캠페인[101]을 벌이면서 승리의 상징으로 암호화했다. 이 모티브의 리듬은 모스 무전기로 '빅토리Victory'를 칠 때 생기는 리듬과 정확하게 일치하는데, 이를 저항운동에 이용한 것이다. 프랑스에서는 이 멜로디가 철자 'V'와 함께 저항의 상징으로 널리 알려지게 되는데, 그것은 바로 이 모티브 리듬에 기인한다.

아이러니컬하다 못해 그로테스크하기까지 한 것은 나치들의 수용소와 게토에서 비인간적 생활을 하던 유대인들이 베토벤의 음악을 연주했고, 가스실에서조차 〈환희의 송가〉를 불렀다는 사실이다. 당시 살아남은 10세 소년이 그 후 이 멜로디의 기원과 의미를 알게 되자, 왜 하필 이 노래가 그 장소에서 불렸는지 자문하게 되며 회의를 그칠 수 없다고 고백한다.

가끔 나는…이것이 범죄와 대중 학살에 대한 정신의 반항이요 저항이었다고 생각해본다. 하지만 나는 때로 이 노래에 회의를 가진다. 어쩌면 이 노래를 선택한 것에서 엄청난 신랄함과 악마적 태도가 표현되고 있는지도 모른다. 대량 학살은 분명하다. 갈 데까지 간 극단적 악이다. 그러나 죄 없는 아이들에게 이 축제적인 가사와 음악을 부르게 한 것 역시 죄악이다.[102]

베토벤 음악뿐 아니라 (현대음악을 제외한) 음악의 모순적인 수용은 나치 수용소(KZ)에 수감된 포로들에게도 엇갈린 의견으로 나타난다. 수용소에서 살아남은 한 폴란드 유대인은 1977년에 "KZ에서 음악과 노래가 포로들의 정신적 자기방어에 기여했다"고 말했던 반면, 다른 포로는 "KZ에서 음악의 역할은 마찰 없는 훈련과 질서를 유지하기 위한 것이었으며, KZ를 지키는 군인들에게 가끔 기분 전환과 휴식을 제공하는 것"으로 해석했다.[103] 이들의 견해는 모두 각자의 입장에서 일리 있는 것일지 모른다. 체험한 것을 그대로 이야기하고 있는 위의 폴란드 유대인은 순진한 측면이 없지 않지만 당시 많은 포로들이 느꼈던 것을 대변하고 있는 듯하다.

그러나 〈5번 교향곡〉이 저항의 상징으로 사용된다는 사실이 다른 포로들에게 잘 알려져 있었다 하더라도 전체적으로 볼 때 수용소의 음악 행위 또한 결국 나치의 정치적 목적 달성, 즉 수용소의 질서 유지와 대외 선전(예를 들면, 적십자 등의 단체가 수용소를 방문했을 때, 포로들의 연주로 휴머니즘적인 인상을 줄 수 있었다) 관점에서 고려되어야 할 것이다.

실제 유대인 게토인 테레지엔슈타트에 수용된 많은 음악가들에게 아우슈비츠 가스실로 옮겨지기 전에 일정 기간 동안 음악 활동이 허락되었는데, 제한적인 게토 속에서 이들이 음악에서 정신적 위로를 받았음을 쉽게 추측할 수 있다. 그러나 자신들의 의도와는 상관없이 포로들이 나치의 정치적 선전에 이용되었고 그 목표에 기여하게 되었다는 사실은 당시에는 아마 쉽게 간파하기 힘들었을 터이다. 어쩌면 나치 음악 정책의 성공이 바로 여기에 있는지도 모른다. 이 모호함과 이중성으로 희생자들에게 자신들이 이용당했다는 사실을 느끼지 못하게 하면서 이용하는 것만큼 효과적인 것도 없을 것이기 때문이다.

지금까지의 모순된 베토벤 음악의 수용 중에 더욱 심각한 것은 나치들이 '모든 사람은 형제다'라는 〈환희의 송가〉를 연주하는 한편 유대인들과 헝가리, 루마니아 등의 동유럽 집시들, 정신병자, 허약한 장애자들, 그리고 동성애자들을 가스실에서 대량 학살했다는 사실이다. 즉 이렇게 '모든 사람'의 개념에는 수많은 집단의 사람들이 제외되고 있었지만 독일 국민들은 스스로 전혀 모순을 깨닫지 못했다는 점이다. 최고의 악을 저지르는 무리들이 최고의 선과 휴머니즘을 상징하는 〈9번 교향곡〉을 자신의 편으로 믿고 활용할 수 있었다는 사실은 음악이 모든 악용과 왜곡에 속수무책 상태에 있었음을 잘 보여준다.

(2) 현대음악의 배척

나치들은 베토벤 음악만을 악용한 것이 아니라 대중음악 및 민속음악, 행진곡 등 모든 예술음악을 이용했다. 여기에서 제외되는 것은 현대음악과 재즈, 그리고 유대인이 작곡한 음악이었다. 이 사실은 모든 음악이 정치적 오용에 노출된 것이 아니라는 말이 될 수도 있다(유대인이 작곡한 음악은 장르와 영역을 불문하고 금지했으니 여기서는 논외로 한다).

그러면 왜 나치들은 현대음악과 재즈를 이용할 생각을 하지 않았는가? 이 음악들은 어떤 보호장치를 가지고 있었는가? 먼저 나치의 현대음악 배척 정책에 대해 이야기해보자. 나치들에게 "음악이 아니라 음악으로 위장한 국제적인 문화 흑사병"[104]으로 여겨진 재즈에 대한 배척은 다음 항목에서 알아볼 것이다.

ㄱ. 나치들의 낭만적 음악관

나치 문화부장관 괴벨스는 1933년 11월, 〈제국문화협회 창립문〉에서 "독일 음악"은 "낭만적이고 비밀스러운 운명의 힘"을 과시하는 한편 "영적 영역에서 투쟁적 행동으로" 전환하는 역할을 해야 한다고 선언했다.[105]

괴벨스의 첫 번째 말을 좀 더 쉽게 설명하면, 음악가들은 아리아인의 핏속에 이미 음악적 재능이 잠재해 있음을 밝혀내고, 위대한 음악 대가는 독일인일 수밖에 없음을 증명해야 할 의무와 책임이 있다는 것이다. 즉 음악은 이성이나 역사적인 변화보다는 역사나 사회와는 관련 없는 운명적인 것이며, 자연적인 것으로 받아들여야 한다는 말이다.

두 번째 표현은 낭만적 음악관을 강조하는 나치의 진짜 속셈이 결국 매우 논리적이고 계산된 것임을 여실히 보여준다. 즉 음악이 나치의 정책을 관철시키는 데 투쟁까지 불사하도록 유도할 수 있게 해야 한다는 것이다. 여기에는 음악이 결국 '독일 공동체'를 전쟁으로 이끄는 일에 기여하는 역할까지도 이미 암시되어 있다 하겠다.

괴벨스는 기회가 있을 때마다 "음악이 예술 중에서 가장 감각적인 것이며, 음악은 이성보다 가슴과 감정에 더 호소한다"고 강조하고, 음악을 "감정의 예술"로 선포했다.[106] 이것은 나치들의 음악 정책 중에서 가장 평범해 보이면서도 가장 중요한 것이라 할 수 있다. 음악이 감정의 예술이라는 주장은 누구도 부인하지 못할 것이다. 그러나 문제는 이것이 강조되는 맥락과 그 결과가 지금까지 존재하는 모든 예를 초월한다는 것이다. 독일인은 음악적으로 선택된 민족이며, 음악이 감정 세계의 특별한 표현이라는 이데올로기는 나치 시기 전체를 통해 팽배한 것으로 당연하게 여겨졌다.

음악을 듣는 행위는 히틀러와 나치들에게는 바로 정치적 행위였다. 그러나 이때 주의해서 관찰해야 할 것은 이들이 강조하는 청취 자세다. 이들에게는 이성적이고 분석적인 청취 자세는 배척된 반면 종교적인 신앙의 자세가 선호되었다. 즉 회의나 의심보다 믿음과 경건함이 강조되었다. 이성은 배제되고 잠재의식의 저 깊은 심연에 빠져 음악을 청취할 때의 체험을 방해하는 모든 것은(그것이 불협화음이든 재즈와 같은 자유로운 리듬이든 상관없이) 배척되어야 했다.

히틀러는 한 연설에서 음악가들에게 이성적이고 사고적인 것을 포기하라고 권하며 "우리 음악가에게는 지적 이성보다 오히려 넘쳐나는 음악적 감흥이 영향을 미쳐야 할 것"[107]이라고 강조했다. 1936년에는 아예 모든 예술의 비평 자체를 금지시키는데, 이 또한 이런 맥락에서 이해할 수 있다. 나치들이 가장 두려워하는 것은 의견의 대립이나 논쟁이었다. 불안과 의심처럼 이들에게 위험한 것은 없었기 때문이다.

이러한 상황을 꿰뚫어본 망명 음악가 아이슬러는 나치들의 정책에 이로운 음악 청취 태도를 다음과 같이 분석한다.

과거의 위대한 예술작품을 대하는 태도에는 두 가지 방식이 있다. 하나는 흠모와 존경, 믿음과 끝없는 향유 그리고 이성의 배제가 그것이다. 다른 하나는 비판적이며 역사적인 태도라 할 수 있다…후자는 예술에서도 무상함이 있으며, 위대한 예술작품도 사회적으로 변화된 조건에서는 그 가치가 줄어들 수도 있다는 것을 확인한다. 전자는 감동되고 열광하며 도취한 청취자를, 반면에 후자는 비판적인 청취자를 만들어낸다[비판적 태도는 재미를 배세하시 않는다]. 전자는 파시즘에 유리한데, 이는 파시즘이 정치에서도 똑같이 흠모와 존경, 믿음을 [요구하며], 이성과 비판의 배제를 요구하기 때문이다.[108]

그러므로 '예술을 신의 선물'로, 즉흥적인 것으로 여기고,

즉흥적 감흥에 의한 미학을 주장하던 피츠너와 같은 작곡가는 '음악을 영혼의 선물'이라고 보는 히틀러의 음악관에 쉽게 합의할 수 있었다. 같은 이유에서 바이마르 공화국 시기에 외곽으로 몰린 듯했던 아돌프 호이스Adolf Heuss, 실링스, 오르프 등 보수적 경향의 작곡가들은 (개인적 차원의 갈등이 없었던 것은 아니지만) 나치 시대에 큰 어려움 없이 잘 적응할 수 있었다.

음악을 역사적·사회적 맥락에서 분리시켜 시공을 초월하는 낭만적인 것으로 보이게 하려는 의도는 음악의 감정적 측면만을 강조하려는 것과 밀접한 관계에 있다. 이성의 기능이 약화되어 사고할 능력이 없는 인간들이야말로 나치의 지배를 용이하게 하기 때문이다. 낭만적인 감정에 마취되어 허둥대는 인간들을 만드는 것에 바로 감정에 호소하는 음악의 중요한 역할이 있었다.[109]

ㄴ. 현대음악 배척의 이유

나치의 12년 지배 동안 엄청난 모순적인 상황이 진행되었지만 독일 국민들이 이를 감지하지 못하고 나치의 이상적 독일 공동체에 대한 약속을 믿었던 것은 바로 개개인의 독립적 사고 능력의 퇴보를 증명하는 것이 아닌가 싶다. 베토벤의 오용에 대한 독일 국민의 무딤도 배타적인 감정만을 장려했던 음악 정책의 결과로 보인다. 이런 바탕 위에 감정의 음악이 유대인에 대한 비이성적인 투쟁으로까지 고무되며 결국 전쟁에 필요한 '광적 무지'로 발전되는 것은 어렵지 않았을 것이다. 이런 맥락에서 현대음악에 대한 배척 정책은 중요한 것이었다. 1940년 알프레트 로젠베르크Alfred Rosenberg는 그의 저서 《이상의 형상화Gestaltung der Idee》에서 "무조건적 음악 운동은 독일 민족의 피와 영혼의 리듬에 거슬리는 것이다"라고 서술한다.[110]

나치의 음악 정책에 열성적이었던 대표적인 음악 이론가인 발터 아벤트로트Walter Abendroth도 신(新)음악을 "문화적 쓰레기"라고 표현하면서 현대음악을 금지해야 할 이유를 다음과 같이 서술한다.

> 신음악이 민족적이지 않다는 것은 그 정신과 존재가 듣기 좋은 소리와 아름다움, 의미와 이성에 대한 자연스러운 욕구를 제대로 만족시키지 못하기 때문만이 아니다. 오히려 강하고 당당한 우리 민족 속에 살아 있는 건강한 감각과 의지에 관계하는 모든 것을 잘 알면서도 경멸하고 우습게 만들기 때문이다. 신음악은 부패의 병원균이다.[111]

이러한 파괴적 평가가 가능한 것은 현대 음악이 강한 불협화음 탓에 듣기에 부담스러운 음악이기 때문이지만 이는 부차적인 것이고, 진짜 이유는 나치가 선전하는 이른바 모든 성스럽고 경건하며 영원한 음악관에 방해가 되기 때문이다.

나치의 입장에서는 경건하게 폼을 잡고 있는데 이를 우습게 만들어버리는 것처럼 화나는 일은 없을 것이다. 그래서 나치의 목적 달성에 유리한 음악은 아이슬러가 주장하듯 "그 옛날 좋은 시대를 반영"하고, "그 옛날의 좋은 분위기와 하모니가 아직도 있는 듯이 보여주는" '성스러운 음악'이어야 했다. 그러나 현대음악은 이러한 분위기에 찬물을 붓는 역할을 하는 것이었다.[112]

나치들의 정책을 매우 주의 깊게 관찰했던 아이슬러는 나치가 현대음악을 핍박한 이유를 다음과 같이 예리하게 분석하고 있다.

현대음악은 자본주의의 모든 추하고 혼란스러운 상태를 그대로 반영하기 때문에 나치들이 국민을 기만하는 데 적당하지 않다. 다시 말해 현대음악이 우리 시대의 부패와 붕괴에 대해 너무 많이 표현하고 있기 때문이다.[113]

이 말은 마치 아도르노가 했을 법한 논리를 담고 있지만, 쇤베르크의 제자 아이슬러가 1935년에 망명지 런던에서 쓴 글이다. 쇤베르크를 중심으로 한 음악가들이 대개 이런 식으로 현대음악을 높이 평가하고 있었음을 보여준다. 아이슬러의 말을 다르게 표현하면, 현대음악은 모순된 현실을 적나라하게 깨우쳐주는 음악 언어를 가지고 있으므로 나치들이 오용하지 못하고 배척한다는 것이다. 나치의 입장에서 보면, 새로운 현대음악 언어는 환상과 열광은커녕 오히려 마취에서 깨어나게 하는 고약한 것이었다. 현대음악이 불러일으키는 감정은 나치에게 전혀 유리하지 않은 것이었으므로 이런 음악은 독일적인 것이 아니라 유대인의 음악으로 선포되었다. 아이러니컬하게도 베토벤의 음악은 바로 스스로 베토벤의 후예로 확신하는 쇤베르크의 현대음악을 막을 수 있는 방패 역할까지 하게 된 것이었다.

> 오늘날 독일 음악이 다시 음향놀이와 불협화음적 스포츠가 되지 않으며, 하모니의 매춘과 형식의 카오스가 되지 않도록 우리는 노력할 것이다. 여기에 베토벤이 우리의 보루가 된다.114

그러나 현대음악에 대한 배척 역시 나치들이 처음 시작한 일이 아니다. 쇤베르크가 청중과 비평가들의 부정적인 반응 때문에 신음악을 이해하려는 준비가 되어 있는 제자들과 소수의 전문가들만이 참가할 수 있는 '사적인 연주회'를 조직할 수밖에 없었던 사정은 잘 알려져 있다. 신음악을 부정적으로 평가하는 사람들은 나치 지지자 외에도 다양했다. 예를 들어, 쇤베르크 음악에 대한 파괴적 비평 때문에 그와 원수 관계로까지 간 빈의 유명한 비평가 율리우스 코른골트Julius Korngold (영화음악가 에리히 코른골트의 아버지)는 쇤베르크처럼 유대인이었으며, 후에 망명인 신세가 되었을 때 서로 화해한다.

지금까지의 서술에서, 나치는 베토벤의 음악에서 새로운 해석을 할 의도가 전혀 없었으며,[115] 오히려 이미 존재하는 베토벤상을 자신들의 목적에 맞게 이용했듯이 현대음악에 대한 반감을 불러일으키는 일에서도 이미 팽배해 있는 대중의 감정을 이용했음을 알 수 있다. 이렇게 이미 존재하는 것들을 이용한 것이(모호한 이중성 외에도) 나치의 문화 정책이 성공할 수 있었던 또 하나의 이유로 보인다.

나치 치하의 독일에 머문 카라얀과 같은 영향력 있는 음악가들은 결코 현대음악을 기꺼이 연주하지 않았다. 힌데미트와 같은 중도파의 음악도 현대음악이라며 신랄하게 비난받고 푸르트뱅글러가 물러나야 할 지경이었으니, 쇤베르크의 음악처럼 더 과격한 현대음악을 연주하는 것은 자신의 위치를 포기할 각오를 해야 하는 용기의 문제이기도 했다. 게다가 독일에 머물렀던 작곡가, 연주가들은 대체로 원래 현대음악을 혐오하던 음악가가 대부분이었다.

그러나 이 시기 독일에서 현대음악을 외면한 것은 취향의 문제로만 치부할 것이 아니라 나치의 음악 정책에 부합한 행위로 보아야 할 것이다. 또 베토벤 찬양은 현대음악 배척과 동전의 양면 관계에 있었다는 사실도 간과해서는 안 될 것이다.

(3) 재즈 음악 정책

나치의 재즈 음악 배척 정책은 현대음악 배척 정책보다 훨씬 복잡하고 모순적이라 할 수 있다. 이에 대해서는 다른 음악 정책보다 더 상세히 다루어보겠다.

ㄱ. 나치가 재즈 음악을 배척한 이유

나치가 재즈를 금지하고자 한 이유를 나치의 비평문에서 찾아보면 세 가지로 요약할 수 있다. 그것은 ① 반미 사고, ② 인종 이데올로기, ③ 음악적인 이유이다.

바이마르 공화국 시절, 독일 사회는 인플레이션과 대량 실직 문제로 빈곤과 혼란을 겪었지만, 1920년대 중반부터 경제적으로 상대적인 풍요로움을 누렸다. 이 '상대적 안정기'에 경제적으로나 기술적으로 앞서가는 미국은 선망의 대상으로 부각되었고 진보 진영의 지식인과 노동조합 지도자들은 독일의 발전을 위해 미국을 앞으로 독일이 따라야 할 '중요한 모범'으로까지 여기기도 했다. 이들은 미국에는 '자본과 노동의 대립이 없으며', 계층이나 신분과 같은 개념조차 없는 진정한 민주주의가 있다고 믿었다. 이런 분위기에서 1924~1925년 베를린에 처음으로 미국의 오리지널 재즈 오케스트라가 등장하여 인기를 끌었다. 예술음악 작곡가들도 이 새로운 종류의 음악을 다양하게 받아들였으며, 이러한 분위기를 타고 재즈를 잘 수용하여 큰 성공을 거둔 작품이 바로 크셰넥의 〈조니는 연주한다〉라는 재즈 오페라(1927년 라이프치히에서 초연)이다.

그러나 이러한 분위기는 1933년 히틀러의 권력 장악으로 막을 내린다. 이전부터 우파 국수주의자들은 미국을 부정적인 시각으로 바라보았으므로 이제 미국과 관련된 문화는 적대시되었다. 나치 문화부장관 괴벨스는 "미국이 세계 음악에 기여한 것은 잘 알다시피, 관심조차 둘 가치가 없는 검둥이의 재즈 음악이다"[116]라고 미국을 문화적으로 열등한 나라로 비난했다. 게다가 미국 국민은 어린아이 수준의 정서를 가지고 있어 유흥에는 열려 있으나 높은 수준의 교양을 갖추는 데는 능력이 없다는 등 비하 발언을 서슴지 않았다.

물론 나치가 미국에 갖는 태도는 모순적인 측면이 있다. 일반적으로, 특히 문화적으로 미국과 관련된 것은 비난했지만, 기술적인 면에서는 예외적이었다. 즉 자동차나 영화에 대해서는 선호하는 모습을 보였다. 특히 괴벨스는 영화배우 중 마음에 드는 여성을 유혹해 애인으로 삼기 위해 독일 영화가 아닌 할리우드 영화 〈바람과 함께 사라지다Gone with the Wind〉를 개인적으로 상영하기도 했다.

그러나 히틀러와 괴벨스가 미국을 경멸하는 좀 더 근본적인 이유는 미국인이 흑인과 유대인에게 관대하다는 이유 때문이었다. 즉 반미 사고는 다음에 다룰 나치의 인종 이데올로기와 밀접한 관계가 있다.

나치들은 재즈 음악가들 중 흑인이 많다는 사실에서 미국 재즈를 흑인과 동일시했다. 유대인뿐 아니라 흑인도 아리아인이 아닌 족속이므로 열등한 등급에 속했다. 나치의 인종 이데올로기에 따르면, 흑인은 자신의 충동을 통제하지 못하는 저주받은, 그리고 뇌가 없는 족속이라는 것이다. 같은 열등 민족이라도 구분이 되는데, 알베르트 아인슈타인Albert Einstein을 비롯한 많은 유대인 과학자에서 보듯이 유대인은 이성과 추상적인 사고 능력을 가진 족속인 데 비해 흑인은 오로지 본능에 의존하는 진화가 덜 된 족속으로 여겨졌다(이전에 식민지에서 온 흑인들은 서커스에서 일하는 것 외에 사회적 활동이 거의 불가능했다). 흑인에 대한 독일인의 차별은 1936년 올림픽에서 금메달을 딴 흑인 선수[제시 오언Jesse Owen]와 악수하기를 거부한 히틀러의 행동에서 그대로 드러난다. 세계적으로 유명한 예술가라도 흑인이면 독일 제국에서 연주가 금지되었다. 그러니 듀크 엘링턴Duke Ellington, 루이 암스트롱Louis Armstrong과 같은 유명한 흑인 재즈 음악가들이 나치 지배하의 독일에서 연주하는 것은 생각할 수 없는 일이었다. 이들은 전쟁이 끝난 1945년 이후에야 독일에서 연주할 수 있었다.

나치들은 더 나아가 이러한 (나치의 표현을 빌리자면) "검둥이 재즈" 영역에서 조지 거슈윈George Gershwin이나 어빙 벌린Irving Berlin 같은 유대인이 남다른 두각을 보이는 사실에서 '흑인=재즈=유대인'이라는 단순한 등식을 만들어냈다. 이것은 1938년 뒤셀도르프에서 열린 '퇴폐 음악 전시회'[117]의 포스터에서 잘 나타난다. 이 포스터의 그림은 흑인 음악가가 유대인을 상징하는 다윗의 별을 가슴에 달고 색소폰을 연주하는 모습을 담고 있는데 '흑인=재즈=유대인'의 등식을 그대로 보여준다. 이에 한 걸음 더 나아가 현대 무조음악에서 유대인들이 뛰어난 두각을 나타내는 현상도 등식에 포함시켜, '흑인=재즈=유대인=현대 무조음악'으로까지 비약하는 엉터리 주장도 난무했다.

독일 음악학자들은 반미 감정과 인종 이데올로기 외에도 재즈가 왜 나쁜지를 논리적·음악적으로 설명하기 위해 노력을 아끼지 않았다. 그러나 이 노력은 그리 큰 성과를 거두지 못한 것 같다.

첫째, 그들은 재즈 음악에서 자주 등장하는 싱커페이션이 문제라고 주장했다. 그들은 그것이 나치가 좋아하는 행진곡 리듬과는 어울리지 않기 때문에 비난하고, 싱커페이션을 재즈의 전형적인 리듬으로 못박았다. 그러나 싱커페이션이 재즈에만 나타나는 것이 아니라, 그들이 독일 음악가로 높이 칭송하는 바흐Johann Sebastian Bach의 음악에도 나타난 것이 생각나자 싱커페이션 자체가 문제가 아니라 이것이 사용되는 맥락이 문제라고 견해를 수정했다.

둘째, 음악학자들은 또 재즈 음악에서 많이 사용되는 악기인 색소폰을 문제 삼았다. 그러나 색소폰에 대한 이런 부정적인 견해가 퍼지면서 색소폰 판매가 줄어드는 현상이 생기고 이에 독일 악기 회사들이 항의하기 시작했다. 그러자 나치 음악 비평가들은 원래 색소폰은 19세기에 작스라는 사람이 만든 것으로 클로드 드뷔시Claude Debussy도 예술음악에 사용하고 슈트라우스도 이 악기를 선호한다고 말을 바꿨다. 악기 자체가 문제가 아니라 흑인들이 재즈를 위해 이 악기를 악용했다는 것이다.

셋째, 그들은 재즈가 음험한 성적 에너지를 불러일으키는 음악이라고 비난했다. 재즈는 성적으로 무절제한 원시인에게서 나온 것이므로 독일의 건강한 시민도덕을 문란하게 만들 위험이 있다는 이유다. 그러나 성적 에너지와 관련해서도 흑인과 유대인을 인종적으로 세분화하여 설명한다. 즉 흑인들은 재즈의 성적 요소를 단순하게 아무런 목적 없이 저절로 불러일으키는 반면 "유대인은 체계적으로 독일 소녀와 여인들의 피를 독으로 물들게 하는 목적"[118]을 가지므로 유대인에 의한 피해가 더욱 크다는 것이다. 이 주장은 대체로 큰 저항 없이 받아들여졌다.

지금까지 설명한 이유는 나치가 재즈에 대해 밝힌 공식적인 견해라 할 수 있다. 단순한 나치와 이들에 동조하는 시민들은 실제로 이러한 견해를 믿었을지도 모른다. 또 기회주의자들은 객관적으로 볼 때 이것이 말이 안 된다고 생각했을지라도 다수의 의견에 동의하는 태도를 보였을 것이다. 그러나 나치의 최고 경찰인 친위대(SS) 간부 중에도 재즈 팬이 있었으며, 재즈에 대한 공식적인 견해는 재즈 팬인 나치 간부에게는 예외가 되는 경우가 없지 않았다(이들은 자신들이 잡아온 유명한 재즈 음악가를 풀어주기도 했다). 또 재즈가 금지된 지역에서도 여전히 재즈 팬은 존재했고, 통제가 심할 때는 지하에 숨어 몰래 재즈를 듣기도 했다. 그리고 재즈 음반 판매가 금지된 후에도 베를린의 알베르티 가게에서는 은밀한 접촉을 통해 비밀리에 외국의 오리지널 재즈 판을 구할 수도 있었다(서로의 안전을 위해 알베르티 상점은 미국 재즈 판에다 가짜 독일 상표를 붙여 팔기도 했다). 게다가 나치 관청의 허술함 때문에 금지된 판이 음반 판매 목록에 들어 있기도 하고, 또 외국 음반 회사에 주문하면 큰 어려움 없이 원하는 판을 구입할 수도 있었다. 이러한 사실들을 염두에 두어야 나치 시기의 음악 정책의 전모를 입체적으로 이해할 수 있다.

ㄴ. 재즈를 완전히 금지할 수 없는 이유

지금까지의 세분화된 설명에도 불구하고, 나치가 재즈를 억압한 진짜 이유가 따로 있는 것은 아닌지 다시 한번 생각해보게 된다. 이런 생각을 하게 되는 이유는, 독일의 문화 정책에서 막강한 권력을 가진 선전부장관 괴벨스가 재즈를 개인적으로는 좋아하지 않았지만 결코 총체적이고 공식적으로 금지하지는 않았기 때문이다. 재즈에 대한 여러 가지 억측과 비난이 팽배한 분위기에서 부분적으로 재즈 음악 방송이나 음반 판매가 금지되기도 하고, 라이브 재즈 연주도 도시에 따라, 지역의 나치당 간부의 결정에 따라 금지되는 일이 비일비재했지만, 괴벨스는 재즈를 법적으로 분명하게 금지하는 태도는 끝까지 보이지 않았다. 이것은 재즈가 나치들의 정치적 이데올로기를 고려해볼 때 마땅히 금지되어야 할 것이지만 동시에 금지되어서는 곤란한 다른 어떤 이유가 있었음을 시사한다. 달리 말해, 나치의 재즈 정책이 매우 복잡하고 이중적임을 암시한다.

여기서 나치 정책의 최고 엘리트가 재즈를 억압한 진짜 이유를 생각하기 전에 먼저 재즈가 완전히 금지되기 힘든 다른 이유는 무엇이었는지 생각해보자.

히틀러가 대중의 심리를 잘 읽어내는 선동가였다면, 괴벨스는 냉철한 이성과 뛰어난 판단으로 나치 정책의 목적을 효과적으로 수행할 줄 아는 히틀러의 최고 정책가라 할 수 있다. 그는 여러 가지 실제적인 측면에서 재즈를 금지하는 것은 문제가 있으리라 판단했던 것 같다.

첫째, 괴벨스는 재즈를 공식적으로 금지해서 특정 독일 시민을 쓸데없이 화나게 하는 일은 삼가려고 했다. 이것은 그가 다른 분야에서도 중요하게 실천한 문화 정책의 원칙이라 할 수 있다. 1936년 올림픽이 성공적으로 개최되기 전까지 나치당이 독일 국민의 전적인 지지를 받았다고 보기는 힘든 상황이었으므로, 비판적이고 다른 의견을 가진 시민들을 점차적으로 나치 지지자로 끌어들이기 위해서는 매우 현명한 판단이었다. 1920년대 중반에 재즈가 인기를 끌었으며, 상당수 시민들이 미국주의[119]와 함께 재즈를 '현대적이고 시대에 맞는 것'으로 받아들여 꽤 넓은 재즈 팬층이 형성되었다는 사실을 그는 놓치지 않았던 것이다.

둘째, 그가 보기에 재즈는 실제로 나치 정책 실현에 요긴한 측면이 있었다. 재즈는 주로 춤을 위해 적합한 유흥음악으로 긴장 완화에 도움이 되는 중요 수단이 될 수 있었기 때문이다. 그는 일반적으로 대중음악을 장려했는데, 고된 노동으로부터 휴식이 필요한 시민들에게 재충전을 위해 편하고 쉬운 일회용 음악이 필요하다고 보았기 때문이다. 게다가 이런 음악은 정치나 사회에 대한 관심을 분산시키는 데 효과가 있었다. 재즈는 일반 유행가와는 조금 다른 측면이 있긴 하지만, 이러한 목적에 맞는 훌륭한 수단이 되었다. 일선에서 싸우는 독일군에게도 긴장 완화는 특히 필수 불가결한 것이었으므로 군 방송국이 전선의 군인들을 위해 재즈 음악(독일화된 것)을 계속 내보냈다는 사실은 괴벨스가 이를 묵인했음을 시사한다.

셋째, 만약 독일 내에서 재즈를 완전히 금지하면 많은 독일 재즈 팬들이 외국 방송을 통해 재즈 음악을 들을 것이기 때문이다(물론 실제로도 은밀하게 이루어졌다). 독일 가정에서 외국 방송을 듣다가 재즈 음악의 시작과 끝에 내보내는 반독일, 반나치 방송도 함께 들을 가능성을 괴벨스는 배제하지 않았다. 재즈를 완전히 금지하지 않았던 괴벨스의 정책은 그가 정책 결정에 얼마나 실용적이고, 실제적인 고려를 함께하는지를 보여주는 좋은 예이다.[120]

이제 그렇다면 재즈를 완전히 금지하지 못하는 여러 가지 실용적인 측면에도 불구하고 재즈를 허용할 수 없는 진짜 이유는 무엇이었는지 살펴보자. 나치의 인종 이데올로기, 반미 사고 등의 외적인 이유 때문만은 아닌 듯하다. 다음에서는 나치의 재즈 핍박이 어떤 식으로 전개되었는지 그 과정을 통해 나치의 애매모호한 재즈 정책의 실체를 좀 더 구체적으로 살펴보고 위의 질문에 접근해보자. 전체적으로 볼 때, 나치 시기의 재즈 핍박도 유대인 핍박 과정과 밀접한 관계에 있음을 미리 밝혀둔다.

ㄷ. 나치 집권 초기의 일관성 없는 재즈 탄압 정책

나치가 정권을 장악하기 전에도 재즈에 대한 극우파의 질시와 비하, 비난이 많았으나, (유대인에 대한 산발적이고 충동적인 테러와 마찬가지로) 나치는 1933년부터는 국가 권력을 배경으로 재즈 음악 배척에 적극적으로 앞장섰다. 베를린 방송국에서는 1933년 3월 재즈 방송 시간을 아예 프로그램에서 없애버렸고, 유대인 재즈 음악가들은 해고되었다.

그러나 괴벨스는 이러한 갑작스러운 변화를 자신들이 원하는 궁극적인 목적을 위해 그리 유익하지 않다고 생각했던 것 같다. 이미 언급했듯이 재즈를 좋아하는 시민들을 불쾌하게 하고 싶지 않았기 때문이다. 이에 따라 그는 1934년에 친나치 성향의 재즈 음악가를 중심으로 재즈 밴드를 만들어 밤 늦은 시간에 재즈 음악 방송을 내보냈다. 아직 나치에 대한 시민들의 동조가 확실하지 않은 상황이었으므로 대중에게 뭔가 손실이 있다면 반드시 그에 준하는 다른 것을 보상해줌으로써 시민들을 안심시키는 정책을 편 것이다. 그러나 1935년 9월부터 사정이 조금 달라진다. 이는 뉘른베르크에서 인종법이 통과되면서 유대인과 흑인 등 인종 이데올로기에 따른 재즈 억압이 더욱 심화되기 때문이다. 이에 따라 제국방송협회 회장은 1935년 10월 모든 독일 방송에서 재즈 음악을 금지한다. 그런데 이 제국방송협회는 제국문화협회 산하 조직이었고, 괴벨스가 전체를 총괄하는 책임자였으므로 이러한 금지 조치도 그의 묵인이 있었기에 가능했다고 볼 수 있다.

뉘른베르크 인종법에 타격을 크게 입은 음악가는 집시, 유대인 재즈 음악가로 그들의 이름은 독일 내 방송과 음반에서 사라지기 시작했다. 1938년 4월 1일부터는 유대인 음악가의 음반 판매가 법적으로 금지되었다. 물론 라이브 무대에서는 업소 주인에 따라 유대인과 집시 재즈 음악가들이 연주할 수 있었으므로 방송이나 레코드 판매에서처럼 통제하기는 어려웠다. 또 만약 재즈 음악가가 아리아인일 경우 라이브 무대에서 거의 1943년까지도 손님들의 청에 따라 즉흥적이고도 수시로, 어떤 경우는 위험을 무릅쓰고 연주되었다고 볼 수 있다.[121]

ㄹ. 제2차 세계대전 시기: 재즈와 타협—재즈를 선전 도구로

그러나 일관성 없어 보이는 재즈 탄압 정책은 1939년 9월, 제2차 세계대전이 발발하면서 새로운 차원으로 발전하게 된다. 정치적 선전을 총괄하는 괴벨스는 독일군의 사기를 돋우기 위해서, 그리고 동시에 독일 국민에게는 전쟁 상황이라는 사실을 크게 느끼지 못하도록, 방송에서 가능한 한 다양한 종류의 대중음악을 다루고자 했다. 게다가 외국에서 싸우는 독일군에게 뉴스와 스윙 음악을 함께 내보내는 영국 방송이 인기가 있었던 것도 큰 문제였다. 괴벨스는 전선에 투입된 군인들에게 라디오를 선사하여 독일의 선전 방송을 많이 듣도록 유도하려 했다. 대신 괴벨스는 1939년 9월 제2차 세계대전과 함께 독일인에게 외국 방송을 듣는 것을 금지했다. 그러나 군인들이 각 점령지에서 독일 선전 방송 외에 다른 방송을 듣는 것까지 막을 수는 없었다. 특히 영어에 뛰어난 독일 공군 비행사들 대다수가 스윙 음악을 즐기고 영국 방송을 즐겨 듣는 것도 괴벨스에게는 위험천만으로 여겨졌다.[122]

그러나 독일 방송 시스템으로는 이러한 문제들을 해결하기 힘들다는 것을 누구보다 잘 알고 있었던 괴벨스는 방송을 완전히 개편하려 한다. 영국 방송과의 경쟁에서 이기기 위해서는 경직된 나치 이데올로기로 무장된 나치 당원보다는 새로운 상황에 실제적으로 잘 대처하고 새로운 아이디어를 낼 수 있는 전문가가 필요했다.

괴벨스가 영국 방송에 예민하게 반응했던 데에는 여러 가지 이유가 있다. 프랑스, 네덜란드, 룩셈부르크 방송들이 이미 나치의 통제를 받고 있었던 반면에 영국 방송은 나치에게 점령당하지 않은 자유 방송으로 독일에 영어와 독일어로 뉴스와 선전 방송을 보내고 있었다. 게다가 독일 내에서는 들을 수 없는 재즈 음악도 내보내고 있어서 독일 군인과 시민들의 관심을 끌었다.

이러한 상황에서 괴벨스는 1941년 10월부터 1942년 2월까지 독일 제국 방송을 새로 조직하게 되는데, 이때 재즈 음악가도 다시 불러들인다. 그러나 시골이나 소도시의 독일 소시민들은 도시적 성향의 재즈에 부정적인 의견을 가지는 경우가 많았는데, 이들이 방송에서 흘러나오는 재즈 음악에 대해 항의하면 곤란할 수 있으므로 재즈라는 명칭은 피하기로 했다(명칭만 피하면 재즈가 어떤 음악인지 잘 모르는 시골 사람들의 불만을 잠재울 수 있다는 논리였다!). 나치 집권 초기에 재즈 팬을 쓸데없이 자극하지 않으려 했듯이 이제는 재즈를 금지된 것으로 여기는 시민들을 자극하지 않고 군인들에게 재즈 음악을 보급하여 외국 방송을 듣지 않도록 유도하고자 한 것이다.

괴벨스는 이러한 목적을 위해 1942년 여름에는 '독일 춤, 유흥 오케스트라'(이하 DTU로 약칭)를 설립하여 독일 제국 내에서 최고 대중음악을 연주하게 했다. 괴벨스는 직접 이 명칭을 정할 만큼 심혈을 기울였다. 그리고 이것을 베를린 필하모니와 같은 최고 수준의, 그리고 최고 대접을 받는 대중음악 오케스트라로 부각시키기 위해 온갖 물질적 후원을 아끼지 않았다. 이들의 연주로 독일 공군의 비행사와 독일 군인들은 영국 방송의 재즈 음악을 몰래 들을 필요가 없게 되리라는 계산이었다.

그런데 이 DTU-대중음악 오케스트라에서 연주하는 재즈는 영미식 재즈가 아니라 독일화된, 달콤한 키치와 오리지널 재즈 사이를 오가는, 게다가 금관악기보다는 현악기를 선호하여 재즈 성격이 약화된 스윙의 춤음악이었다. 속되게 말해 '가짜 재즈'였다(그래서 오리지널 재즈 음악을 선호하는 재즈 팬들은 DTU 음악을 그리 높이 평가하지 않았다).

괴벨스는 DTU를 통해 독일 제국 말기에 그동안 금지되던 재즈 음악을 과감하게 '선전 도구'로 사용하기에 이른다.[123]

이러한 괴벨스의 현실적 상황 판단에서 나온 실제 정책은 독일 내 모든 음악을 통제해야 할 제국음악협회 회장 페터 라베의 불만 섞인 항의를 받게 되고, 나치 이데올로기에 충실한 다른 동료로부터 비난을 받게 된다. 괴벨스와 경쟁 관계에 있었던 나치의 최고기관 SS의 책임자 하인리히 힘러Heinrich Himmler는 나치 이데올로기의 순수성을 믿는 나치 광신자였으므로, 괴벨스의 '독일화된 재즈' 허용을 못마땅하게 여겨 괴벨스의 방송 정책에 압력을 넣기도 했다.

ㅁ. 오리지널 재즈를 허용할 수 없는 진짜 이유와 재즈에 대한 아도르노의 다른 견해

지금까지의 서술을 종합해보면, 괴벨스는 소박한 수준의 나치 이데올로기로부터 자유로운 전략가로 보인다. 무리하고 직접적인 대결보다는 회유와 모호함으로 자신의 정책에 반감을 가진 상대를 효과적으로 통제하고 있음을 그의 재즈 정책은 잘 보여준다. 동료들의 재즈 금지를 묵인하기도 하고 스스로 특정 재즈 음악을 금지하면서도 일정한 테두리 안에서 허락하는 그의 이중 게임은 히틀러 정부의 정책을 실천하는 데 필요한 효과적인 전략으로 이해할 수 있다.

우리의 질문인 오리지널 재즈를 허용할 수 없었던 진짜 이유는 재즈를 재즈 유사품으로 방어하는 그의 뛰어난 전략에서 찾아볼 수 있다. 즉 영국 방송이 내보내는 재즈 음악보다 더 최신의 재즈로 경쟁하지 않고 오히려 대다수 독일인들에게 익숙한 '독일화'된 재즈를 사용한 것은 재즈의 음악적 요소와 그 효과를 나름대로 견제 또는 통제하고자 했기 때문일 것이다. 그는 오리지널 재즈에 넘쳐나는 에너지와 자유로움을 통제함으로써 재즈 음악이 무제한 허용될 때의 위험을 축소시킬 수 있다고 믿었을지도 모른다. 이것은 달리 말해, 나치들이 선호하는 행진곡이나 유행가와 달리, 재즈 음악이 가진 음악적 자유로움(특히 불규칙적인 리듬)과 이를 바탕으로 한 자유에 대한 상징적 의미가 일사불란하게 움직이는 수동적 국민을 만들기 위한 나치의 정책에 걸림돌이 될 수 있음을 은연중에 인정한 것이다.

그런데 여기서 잠시 아도르노가 1933년에 쓴 글 〈재즈와의 이별Abschied vom Jazz〉을 언급하지 않을 수 없다. 나치들만 재즈를 금지하고 배척한 것이 아니라 아도르노도 재즈를 비판하며, 나치 제국에서 재즈 금지 조치를 잘된 일이라며 반가워했기 때문이다.[124] 물론 아도르노의 재즈 비판은 나치들이 말하듯 "북방 아리아인에게 미치는 흑색 인종의 음악적 영향" 때문이 아니라, 미학적인 관점에서 나온 결론이라고 볼 수 있다. 즉 그가 보기에 재즈는 진보적·현대적이라는 이미지를 주기도 하고 신음악의 불협화음적 영역을 연상시키기도 하지만, 실제 재즈는 미학적 수준도 포기하고 거짓 효과에 만족했다는 것이다. 그래서 아도르노는 흑인 재즈와 백

인 재즈를 막론하고 재즈에서는 아무것도 건질 것이 없다고 비하한다.[125]

또한 아도르노는 "진짜 흑인 음악과는 상관없는" 재즈는 이제 너무 상업적으로 매끄럽게 다듬어지고 왜곡되어, 위협적인 힘이라든가 속박을 벗어나는 자유의 힘이 없는 빈껍데기에 불과하다고 보았다. 아도르노는 재즈가 '예술음악과 실용음악의 화해', '소비성과 예술성의 화해', '엄격함과 자유의 화해' 또는 '생산과 재생산과의 화해'를 보여주는 것 같지만, 이것은 기만이요, 환상이라 본 것이다. 재즈 음악에 질서를 해체하는 위험(힘)이 있다고 본 괴벨스의 의견과 대조적이다.[126]

그러나 여기서 누구의 의견이 맞고 틀린지는 중요하지 않다. 만약에 괴벨스가 아도르노의 의견을 받아들였다면 DTU 악단은 독일화된 재즈 음악을 연주할 필요도 없었을 것이다. 어차피 영미 오리지널 재즈에도 질서를 위협할 수 있는 힘이 없었기 때문이다.

그러나 괴벨스는 다르게 생각했다. 전선의 독일 군인들이 영국 방송이 아니라 독일 방송의 재즈 음악을 들으며 긴장감을 풀고 전쟁 작전을 더 잘 수행하기 위해 휴식을 취하는 것은 가능한 일이었지만, 오리지널 재즈의 자유로움으로부터 전쟁을 비판하거나 독자적인 사고의 자극을 받을 수 있는 기회는 무슨 일이 있어도 차단해야 했다. 이러한 목적을 위해 재즈는 DTU 악단에 의해 통제되어야 했다. 게다가 재즈를 허용하는 독일 제국의 관대함에 오히려 군인들의 애국심이 더 발동하리라는 것은 괴벨스도 미리 계산했던 점이다. 오리지널 재즈 음악이 가진 자유를 향한 의지, 또는 자유로운 경향을 철저히 통제하고자 하는 괴벨스의 의도는 이런 재즈 요소를 많이 사용하는 DTU 음악가들을 갑자기 교체해버리는 행위에서 바로 드러난다.[127]

이처럼 재즈를 탄압하기도 하고 부분적으로 허용하거나 또는 이용하기도 하는 모순적이고 불분명한 정책은 나치의 음악 정책을 구체적으로 분명하게 이해해보려는 사람들에게 큰 어려움을 준다. 그러나 외적인 현상만을 볼 때는 매우 모순적이지만 오히려 이러한 모호함을 남겨놓음으로써 다른 의견을 가진 자들의 분노나 저항을 무력하게 만드는 것이 나치 문화 정책의 전반적 특징이라 해도 과언이 아니다. 어차피 수용자적 측면에서 생명력이 약하고 대중성이 없었던 현대음악을 배척할 때와는 달리 매우 조심스럽고 신중한 괴벨스의 재즈 음악 정책은 그가 음악을 이성과는 관계없는 감성적인 것으로 선전하면서도, 실제로는 음악의 효과를 얼마나 진지하고 이성적으로 철저하게 계산하고 있었는지를 잘 보여준다. 즉 정치적·사회적으로 미치는 음악의 영향력을 그만큼 절실하게 인정한다는 말이 된다.

결론적으로 나치와 협조하면서도 '나는 음악만을 했을 뿐이다'라고 말하는 친나치 음악가들의 주장이 결국 변명에 불과하다는 것을 이러한 나치의 음악 정책은 역으로 폭로하고 있다.

제 4 장

전후
독일 음악가의
과거 청산

지금까지 1933년부터 1945년까지 독일을 중심으로 한 음악현상을 망명음악가, 수용소의 음악가, 나치 치하의 음악가로 구분하여 살펴보았다. 정치적 변화에 따라 음악가들의 삶과 예술에도 간과할 수 없는 변화가 있었음은 물론이다. 그리고 음악의 효과와 기능은 개인의 삶에 국한된 것이 아니라, 전쟁을 위한 정책에도, 심지어 조직적 살인을 위한 질서 유지를 위해서도 얼마나 유용하게 사용되었는지도 알 수 있었다. 이러한 예기치 못했던 전쟁의 소용돌이 속에서 희생된 자도 있었고 이득을 본 자도 있었다. 전쟁이 끝난 후, 이들 음악가들의 운명은 어떻게 바뀌었을까? 영화 〈피아니스트〉의 스필만처럼 부당하게 고통을 받았던 음악가들은 모두 어떤 식으로든 보상받았던 것일까?

이 마지막 장은 독일의 전후 문화적 분위기와 과거 청산을 살펴본다. 현재 많은 관심을 불러일으키는 우리의 과거 청산 작업 때문에 앞의 장들보다 더 우리와 밀접한 관계가 있다.

1. 전후 독일 문화계의 상황(1945~1950)

1945년 5월 중순, 히틀러의 자살과 함께 제3제국[128]은 막을 내린다. 그러나 독일 국민의 대다수는 해방과 자유를 느끼기보다 오히려 패배감에 휩싸였다. 집단수용소의 끔찍한 상태, 산처럼 높은 시체 더미들, 해골에 다름 아닌 수용인들이 처음으로 공개 보도되었다.

상상을 초월하는 나치 정부의 범죄상에 대다수 국민은 오히려 '나는 몰랐다'며 자신을 변호했다. 희생자에 대한 참회와 반성의 자세가 아니었다. '나도 희생자다'라는 주장과 함께 제3제국에서 일어난 일에 대해 침묵하고자 했다. 더 자세히 알고 싶어하지도 않았으며, 이 문제를 마음속 깊숙한 곳에 봉인해서 그냥 덮어두고자 했다.

이렇게 대다수 독일 국민이 변명과 침묵으로 일관할 수 있었던 것은 폐허 속에서 살아남아야 한다는 생존의 절박감이 무엇보다 강했기 때문일 것이다. 생존 앞에서 다른 문제는 모두 부차적인 것이 되므로. 또 다른 외적 이유는 연합군의 문화 정책과도 관련 있는데, 이 부분에 대해 살펴보자.

먼저 전후 독일의 문화계를 자유롭고 진보적이며 다양한 것이 허용되던 초기 1947년까지와 냉전 이데올로기가 점차 지배적이던 1947년 이후로 구분해서 이야기하겠다. 그런 다음 음악계의 상황과 음악가의 과거 청산에 대해 알아보자.

(1) 1947년까지의 자유로운 문화계 분위기

히틀러의 망령에 사로잡혔던 독일 국민이 오랜 잠에서 깨어나 현실을 바라볼 수 있게 만든 것은 자국민의 노력이나 투쟁이 아니라 동부전선에서의 독일군의 참패였다. 이런 결과에 누구보다도 크게 기여한 나라는 소련이었다. 전쟁이 끝나자 미국, 소련, 영국, 프랑스의 4개국 연합군은 독일을 4지역으로 나누어 점령했다. 독일 내에 아직도 무수히 많은 파시즘 단체의 잔당을 완전히 무장 해제시켜야 한다는 점에서, 그리고 새로운 평화 질서를 만들어 독일이 다시 파시즘의 과거로 되돌아가는 일만은 없어야 한다는 목표에는 4개국 점령군 모두가 전적으로 동의했다.

독일 국민들을 재교육해야 한다는 과제에 따라 연합국은 독일의 기존 문화를 대신할 수 있는 것으로 먼저 연합군 자국의 문화와 예술을 주입시키고자 했다. 대신 국수주의적인 이데올로기와 종족 이데올로기가 짙은 책, 영화, 예술품들은 도서관이나 공공시설에서 없애도록 조치가 내려졌다. 물론 겉으로 분명하게 드러날 경우를 제외하고 반유대적인 자료들이 완전히 사라진 것은 아니었다.

연합국의 직접적인 나치 청산은 뉘른베르크 전범재판을 통해 나치 엘리트들을 처벌하는 형태로 이루어졌다. 거의 모든 문화계 책임자들은 과거 문제로 조사를 받았다.

그러나 연합국이 언제까지나 독일 문화를 주도할 수는 없었다. 독일 국민이 문화의 주체가 되도록 미국, 영국 방송이 아닌 독일인들이 주체가 된 방송도 다시 시작했다. 이런 상황에서 나치와 연관되지 않은 전문인들이 필요했다. 뚜렷한 나치 협력 과거가 있는 이전의 책임자, 단체장은 혐의가 없는 사람으로 교체되었다.

아주 짧은 기간 동안이지만 이 시기, 즉 전후 초기에 연합국은 매우 진보적인 문화 정책을 허용했다. 미국과 소련이 아직 본격적으로 적대 관계가 되기 전이므로 문화계는 이데올로기에서뿐만 아니라 미학적으로도 매우 다양하고 자유로운 분위기였다. 소련 점령 지역에서 정치적으로 보수적인 작가의 작품이 출판되었고 미국 점령 지역에서 공산주의 작가의 작품이나 좌파 잡지가 나돌아도 아무도 이를 이상하게 여기지 않았다. 전통과 현대가 공존했고 소련과 미국이 공존했던, 문화적으로 풍요로운 시기였다. 그래서 비판적 독일인들에게 사회주의나 미국식 자본주의가 아닌 제3의 길, 즉 새로운 '민주주의적 사회주의'가 실현될 수 있으리라는 희망을 잠시 안겨주었던 시기가 바로 이때였다.

(2) 1947~1948년 이후의 냉전 시기

그러나 이러한 자유로운 분위기는 얼마 지나지 않아 소련과 미국이 냉전 관계로 돌아서면서 점차 달라졌다. 이제 4국의 점령 지구에 긴장감이 돌기 시작했다. 미국은 자기 영역

내 좌파 성향을 가진 이들과 기관의 모든 문화 활동을 금지했다. 또한 좌파 지식인 예술가는 공개적으로 비난받기 시작했다. 암암리에 반파시즘은 곧 공산주의라는 등식이 통하는 분위기가 형성됐다. 이런 상황에서 서쪽 지역에 거주하던 좌파 예술인은 점차 소련 점령 지구로 거주지를 옮기지 않을 수 없었다.

미 점령 지구에서는 이제 사회 비판적인 예술이나 문화는 설 자리를 잃어가고 대신 보수·중도파의 종교적이고 신비주의적인 경향의 문화가 우세했다. 오히려 반파시즘적인 예술은 배척당하는 현상까지 보였다. 이러한 현상은 1949년 정부가 수립된 서독에서 더욱 뚜렷해졌다. 반면에 동독 정부는 반파시즘을 국가의 중요한 덕목으로 꼽았기 때문에 서독보다 상대적으로 오랫동안 반파시즘을 추종했다. 그러나 1952~1953년이 되면 동독에서도 반파시즘은 그다지 환영받지 못하게 된다. 초기의 '반파시즘적 민주주의' 정치노선을 수정하여 독일 통일을 목표로 하는 '노동자·농민의 국가 건설'을 내세울 때 나치 과거 청산은 방해만 될 뿐이었기 때문이다. 한 예로 1933년 드레스덴의 유대인 지휘자 프리츠 부슈를 내쫓는 데 기여했던 나치 음악가 하인리히 테스머Heinrich Tessmer는 동독에서도 테너 가수로 성공했다.

뉘른베르크 재판이 끝난 1950년대 서독에서는 '다시 나치화'되고 있다는 우려가 나올 정도였고 이제 '과거 청산'은 중요한 문제가 아니었다. 물론 뉘른베르크 전범재판에서 도저히 살아남기 힘든 제1급 전범인 나치 친위대(SS) 총책임자 힘러나 히틀러의 비서 마르틴 보어만Martin Bormann, 나치 제국청소년단장 발두어 폰 쉬라흐Baldur von Schirach와 공군 총책임자 헤르만 괴링Hermann Göring 같은 인물은 교수형을 받거나 실형이 선고되기 전에 자살하거나 또는 종신형을 살았다.

그러나 책임자의 자리에 있지 않았던 많은 관리들은 자신들이 나치 시기에 유지했던 직업을 서독에서도 그대로 수행할 수 있게 되었다. 뉘른베르크 재판에서 판결받은 사람들이 사면과 복권의 혜택을 받고 다시 사회에 복귀하는 경우가 허다했다.

나치 시기 국방부장관이었던 알베르트 슈페어Albert Speer는 20년 형을 선고받았지만, 그가 거느리던 관료들은 서독에서 거의 모두 출세했다는 것은 공공연한 비밀이다. 특히 나치 시기의 국방부 경제 금융국장은 마인츠 대학 교수를 거쳐 서독 연방 재무부차관까지 승진하는 출세가도를 달린 인물이다.

이것은 냉전과도 밀접한 관계가 있음을 알 수 있다. 새 독일의 건설을 위해 미군은 관료로서 전문 경험이 있는 독일인이 필요했으며, 이들은 동시에 철저한 반공산주의자여야 했다. 이 점에서 이전의 나치 관료들은 나무랄 데 없는 훌륭한 조건을 갖추고 있었다.

그러니 이때는 오히려 "가해자는 존경받고, 희생자는 살아남은 죄책감에 시달리는"[129] 시기였다 해도 과언이 아니다. 현재 독일 문학 비평계에서 독보적인 존재인 마르셀 라이히라니츠키Marcel Reich-Ranicki도 나치 집단수용소에서 살아남은 희생자였는데, 그의 이러한 체험에 대해 관심을 보인 사람은 1960년대 후반의 좌파 여기자 울리케 마인호프Ulrike Meinhof가 유일했다고 할 정도로 독일 사회는 나치 희생자에 대해 무관심했다. 바로 이 1960년대 후반, 즉 68학생운동의 흐름 속에서 비로소 반공 이데올로기와 나치 과거 청산의 문제가 공개적으로 토론되기 시작하는데, 이것은 우리의 논의 범주를 넘어서므로 여기서는 자세한 서술을 생략한다.

2. 전후 음악계의 상황

대중음악 분야에서는 독일보다 훨씬 앞서가던 연합국의 대중음악이 전후 독일에 대량 보급되었다. 물론 전쟁에서도 살아남은 '독일식' 재즈 음악단이 클럽과 바에서 연주했지만 대중음악 전체를 두고 볼 때 아주 미미한 정도였다.

그러나 예술음악 분야에서는 사정이 달랐다. 이 분야에서는 독일 음악가들이 뛰어났으므로 미국이나 영국 연합국은 예술음악 분야에서 자국의 음악 유산을 패전한 독일에 내놓을 것이 별로 없었다. 물론 드미트리 쇼스타코비치Dmitrii Shostakovich나 드뷔시가 있는 소련과 프랑스는 조금 나은 입장인 것이 사실이나 그렇다 해도 큰 차이는 없었다.

이런 이유로 우리의 관심을 예술음악 현상에 국한해보고자 한다. 이 분야에서 활동하던 사람들은 소수의 엘리트 집단이지만 음악 분야의 과거 청산 문제와 이데올로기의 영향을 대중음악 집단보다 더 잘 보여주기 때문이다.

(1) 종전 직후 폐허 속에서 형성된 이상적 청중

당시 음악회의 청중에게 예술음악이 주는 의미는 남달랐고 이에 대한 청중의 태도도 특이했으므로 질적인 면에서 예술음악의 중요성은 충분히 언급될 가치가 있다. 많은 지휘자와 연주자들의 (당시 연주회 분위기에 대한) 회고문을 보면, 이당시의 청중처럼 열정적인 청중을 그 이전과 이후에도 본 적이 없다고 서술하고 있다. 연주회 입장권을 위해 땔감을 쓰지 않고 모으는 사람이 있는가 하면, 연주회가 끝나면 전철이 다니지 않아 집까지 5~10킬로미터의 먼 길을 걸어가야 하지만 이에 개의치 않는 청중이 대다수였다고 한다. 그리고 음악회의 분위기는 음악이 시작되면 숨소리도 들리지 않을 정도로 조용했다고 한다. 음 하나라도 놓치지 않으려고 귀기울일 뿐만 아니라 온몸과 마음으로 오로지 음악에만 몰두

하는 이런 이상적인 청중 때문에 이를 경험한 연주자들은 전쟁으로 폐허가 된 바로 이 시기가 그들의 음악 생애에서 가장 행복한 때였다고 고백한다.

음악이 단순히 여가 활용이나 사회적 신분의 과시로서 의미를 가졌다면 이런 현상이 가능할까? 아마도 그렇지 못할 것이다. 이때의 음악은 모든 것이 무너진 폐허의, 그야말로 무(無)의 현실에서 청중에게 생의 의미를 주고 미래를 보게 하는 중요한 역할을 했던 것이다.

그러나 이렇게 순수해 보이는 음악의 기능마저도 전후 독일인의 과거 청산과 관련해서 심리적 측면에서 볼 때, 좀 다른 의미를 가질 수 있음을 언급하지 않을 수 없다. 이미 말했듯이 대다수 독일 국민은 도무지 납득이 가지 않는 히틀러 제국의 패망과 그 범죄상 앞에서 심각하게 고뇌하고 죄책감으로 괴로워할 생각은 결코 없었던 것 같다. 과거는 차라리 부인하고 싶을 뿐 더 이상 알고 싶은 어떤 것이 아니었다. 심리적으로 죄책감과 싸우기보다는 당장 생존을 위해 필요한 삶의 의미를 되찾는 것이 우선이었다. 이들에게는 불안하고 복잡미묘한 어두운 현실을 잊게 만드는 뭔가가 필요했을 것이다. 이러한 상황에서 바로 음악은 모든 것을 잊어버리는 일종의 환각 상태를 가능하게 하는 좋은 매체가 될 수 있었다. 물론 이때의 음악은 마약과 달리 폐허의 현실에서 삶의 욕구를 불러일으키는 긍정적인 수단이 되었다.

(2) 종전 직후의 음악적 모범 — 아리아인 힌데미트

전쟁이 끝나자 젊은 예술음악가들은 그동안 나치에 의해 왜곡되고 잊혀진 음악가들에 관심을 가지게 되었다. 연합군의 정책도 이에 부합하여 현대음악가들의 작품을 소개하고 연주했다. 그중 가장 많이 연주되고 관심을 받은 음악가는 힌데미트였다. 젊은 음악가들에게 힌데미트는 바르톡, 스트라빈스키, 쇤베르크와 같은 대가를 제치고 현대음악의 대표자로 여겨졌다. 그의 오페라 〈화가 마티스Mathis der Maler〉는 나치의 비난에도 불구하고 내적으로 꿋꿋하게 독일에 대한 신의를 저버리지 않았던 작품으로 다시 높이 평가받았다.

대신 쇤베르크를 비롯한 빈 악파의 음악을 감정과 위로에 굶주린 전후의 독일인들은 탐탁지 않게 여겼다. 유대인으로서 독일에서 완전히 잊혀졌던 말러의 음악도 이상한 단절과 아이러니를 유발한다는 이유에서 제대로 수용되지 못했다. 유대인인 쇤베르크와 말러가 차가운 대접을 받는 대신 아리아인인 힌데미트가 최고의 음악가로 대접받는 것은 음악적인 이유 때문이기도 하겠지만, 여전히 존재하는 반유대적인 반감의 영향 때문이라는 추측도 가능하다. 전쟁이 끝났다고 해서 수백 년 동안 누적되었고 지난 12년간 진리로서 공공연하게 믿어왔던 반유대주의가 독일 사람들의 머리에서 하루아침에 사라지리라고 생각하는 것 자체가 무리일 것이다.

이렇게 아리아인인 힌데미트가 종전 직후 젊은 세대의 정신적 지도자로 여겨진 데는 또 다른 이유도 있었다. 쇤베르크의 음악과 달리 힌데미트의 음악은 독일 19세기 음악 전통과의 심각한 단절이 아니라 오히려 지속성을 보장했다. 특히 오페라 〈화가 마티스〉나 그것의 교향곡 버전은 나치의 비난을 받았음에도 불구하고 실제로는 신비성과 종교성으로 충만하여 나치의 음악 정책에 잘 들어맞는 작품이라 해도 과언이 아니다. 그러니 나치 시대를 경험한 세대들에게 거부감을 주지 않는 친숙한 음악이 될 수 있었다.

그리고 바로 이 당시에 주로 연주된 것이 힌데미트가 망명 시기에 작곡한 것이 아니라 1920~1930년대에 작곡한 곡들이었다는 사실은 그래서 우연이 아닌 듯하다. 독일에 머문 음악가들은 쇤베르크의 음악보다는 훨씬 객관성을 띠며 상대적으로 수용하기 쉬운 힌데미트의 1920~1930년대 신고전주의적 음악에서 자신들의 음악적 과거와 미래가 서로 연결됨을 느꼈던 것이다. 즉 이들은 현대적이면서도, 지나치지는 않은 중도적인 힌데미트에게서 자신의 음악적 동질성을 보았다. 게다가 나치의 비난을 받고 망명한 힌데미트는 독일 음악가의 알리바이를 증명하는 데 더없이 적당한 인물이 아닐 수 없었다.

(3) 전후 독일에서 냉대받는 망명 음악가들

전후 독일에서 유대인과 망명인들이 여전히 냉대받았다는

인상을 강하게 받는 것은 종전 직후, 폐허가 된 독일에서 음악 생활을 조직하고 지휘한 사람들이 망명 음악가들이 아니라 주로 독일에 머문 음악가들이었다는 사실 때문이다.

또 연주되는 곡들도 힌데미트를 제외하고는 망명 음악가들의 음악이 주류를 이루지 못했다. 오히려 오르프나, 에른스트 페핑Ernst Pepping, 하르트만과 같이 독일에 머물렀던 음악가들의 음악이 주류를 형성했다. 물론 이때, 나치와 연관되어 과거의 혐의가 있던 슈트라우스보다 나치와 완전히 관계를 끊고 홀로 저항했던 하르트만이 독일 음악의 재건을 위해 활발하게 움직였는데, 대내외적으로 당연한 현상일 것이다. 하르트만 역시 힌데미트처럼 나치 시기에 머문 독일 음악가들의 알리바이(특히 저항적 의미에서)를 증명할 수 있는 인물로 추앙받았기 때문이다.

물론 망명 음악가들이 전후 독일 음악계에 거의 영향을 미치지 못한 것은 기술적인 측면도 있었기 때문이다. 우선 종전 직후에는 민간인들을 위한 비행기가 없었기 때문에 망명을 떠났던 음악가들이 다시 독일로 돌아오기 힘든 여건이었다. 게다가 이때는 아직 독일이 앞으로 어떻게 변화할지 아무도 예측하지 못하는 불안한 때이기도 했다. 전쟁이 끝났다고 하지만 또다시 독일이 나치화될 가능성을 그 누구도 자신 있게 배제하기 힘든 분위기였다. 동독으로 간 작가 브레히트가 내내 불안해했다는 사실은 잘 알려져 있다. 그는 자신을 대가로 떠받들며 존경한다는 젊은이들 속에서도 이들이 몇 년 전만 해도 자신을 바로 나치에게 넘겨주었을 자들이라는 생각을 하면 등골이 오싹해진다며 오랫동안 마음을 놓지 못했다. 또 천재 소년으로 유명한 바렌보임이 11세 때 푸르트뱅글러가 지휘하는 베를린 필하모니와의 협연 제의를 받았지만, 그의 아버지는 불안하여 아들이 베를린으로 가는 것을 금했다. 전쟁이 끝난 지 9년이 지난 1954년의 일이었다!

그러나 이것은 부차적인 문제였다. 전후 망명인들이 독일 음악계에 발을 들여놓지 못한 데는 다른 더 중요한 이유가 있었다. 1950년 지겐 출신의 망명 음악가(유명한 바이올리니스트) 아돌프 부슈가 고향에서 적은 보수를 받고 연주하고자 제안했을 때 지겐 사람들은 거절했다. 이유는 부슈가 망명을 떠남으로써 고향을 배신했다는 것이다. 할리우드에서 성공했던 코른골트도 귀향하여 음악 활동을 재개하고자 했으나 청중은 유대인 망명자 코른골트를 냉대했다. 머물렀던 자와 떠났던 자의 감정의 골이 당시로서는 극복하기 힘들 정도로 깊었던 것이 무엇보다도 큰 이유였다.

물론 아리아인이었던 힌데미트의 경우는 좀 달랐다. 1947년 그가 프랑크푸르트 연주회에 나타났을 때 청중의 환호는 대단했다. 특히 힌데미트에게 배우고자 하는 젊은 음악가들의 기대도 매우 컸다. 그러나 그가 당시 독일의 매우 낙후된 문화적·경제적 조건 때문에 완전 귀국을 거부하자 이에 실망한 독일의 젊은 음악 엘리트들과 청중은 얼마 지나지 않아 힌데미트에게 등을 돌린다. 1953년 그가 취리히 대학 교수로 취임하면서 유럽에 돌아왔을 때에 독일 청중은 아주 냉담한 반응을 보였다.

(4) 순수 아방가르드 음악이 주류가 되다

1947년이 지나면서 힌데미트의 인기가 떨어지게 된 것은 1946년부터 다름슈타트에서 서서히 시작된 아방가르드 음악 운동과도 관련이 있다. 전후 초기 힌데미트의 역할은 독일 내 음악가들에게 현대음악에 대한 오리엔테이션을 실행하는 것이었다.

그러나 새로운 것에 목말랐던 젊은 음악가들은 점차 현대음악 중에서도 중도파에 속하는 힌데미트로는 만족하지 못했다. 다름슈타트에서 발족된 국제 현대음악 세미나에서 비로소 현대음악의 대부(大父)인 쇤베르크의 음악이 초연(1948년)되었고, 그의 12음 기법도 소개되었다(1950년대 말 윤이상도 이 다름슈타트 세미나에 참가했다).

초기에 대단했던 힌데미트에 대한 열광은 점차 식어가고, 이제 쇤베르크를 둘러싼 빈 악파의 음악, 특히 12음 음악이 당시 젊은 음악가 사이에서 불문율과도 같은 것이 되었다. 이 기법으로 작품을 쓰지 않는 음악가는 은연중에 평가절하되었다. 12음 기법을 사용하지 않던 힌데미트가 젊은 아방가르드 음악가들로부터 소외당한 것도 이러한 맥락에서다.

음악 기법이 어떤 특정 목적을 위해 사용되는 것이 아니라 기법이라는 수단 자체가 목적이 된 셈이다. 그리고 이제 음악이 음악 외적인 것, 즉 정치적인 것이나 특정 세계관 등을 표현하는 수단이 되는 것은 혐오의 대상이 되었다. 이것은 나치 시기의 음악이 이데올로기의 수단이 된 것에 신물이 난 음악가들의 반응으로 이해할 수 있다. 잘못된 목적을 가진 예술이 가져온 끔찍한 결과를 생각해볼 때 아예 목적을 가지지 않는 것이 더 낫다는 것이다. 즉 이데올로기로부터 탈피할 수 있는 음악은 오로지 '음악을 위한 음악'이라는 주장이 설득력을 가지게 된 것이다.

그러나 문제는 이 '순수 절대 음악' 역시 1950년대 서독에서 예술 권력으로 작용했다는 사실이다. 또한 당시의 정치적 배경은 이러한 순수 아방가르드 음악이 주류가 되는 현상을 순수하게 바라보기 힘들게 만들었다. 그 정치적 배경이란 1949년부터 동독과 서독이 서로 적대적으로 대치한 상황을 말한다.

서독 음악가들은 동독 음악가들을 동독 정부의 지시에 종속되어 움직이는 '비자율적' 꼭두각시 예술가라고 비난했다. 반대로 동독 음악가들은 서독 음악가들이 세상과는 상관없이 음악의 재료나 기법 문제에만 빠져 있는 형식주의자들이라고 비난했다. 서독에서 아이슬러와 같은 음악가를 옹호하는 것이나 동독에서 쇤베르크를 옹호하는 것은 동료들로부터 따돌림받는 지름길이었다. 서독에서는 '형식'이, 동독에서는 '내용'이 지나칠 정도로 편협하게 강조되는 것은 결국 냉전 이데올로기의 영향으로 볼 수 있다.

이러한 서독의 사정은 마치 1950년대 남한에서 '순수'가 유일하게 옳은 예술 원칙으로 여겨지던 상황과 매우 흡사하다. 남북한이 대치한 상태에서 '정치적 예술'이란 북한에 의해 점령된 것이었으므로 '순수한 예술'을 선택하는 것 자체가 순수할 수 없었다. 다시 말해 '순수'와 '정치'라는 양자택일 중에서 '순수'의 선택은 애당초 정치적 선택이 될 수밖에 없는 상황이었다. '혁명·정치'와 '순수'의 이분법적 대치에서 '순수 예술'이 대변해야 할 기능은 그래서 뻔해 보인다. 즉 반공 이데올로기를 대변하는 기능을 가지면서 남한의 지배권력에 봉사하는 것이다. 1950년대까지 이 '순수'에 대해 감히 누구도 이의를 제기하지 못했으니,[130] 친일 음악가들이 해방 후 '순수 음악'을 부르짖으며 오히려 큰소리칠 수 있었던 것이다.

어쨌든 독일에서 음악의 내용과 형식이 따로 구분되는 기형적인 현상은 1970년대가 되어서야 서서히 극복되기 시작했다.

1950년대 서독의 아방가르드 음악은 정치와 상관없고자 하는 순수 예술, 또는 자율적 예술이 어떤 식으로 정치성을 띨 수 있는지 잘 보여주는 예라 할 수 있다.

3. 독일 음악가의 과거 청산

음악이나 문화 분야에서 활동한 예술가의 경우는 죄과를 규명하기 힘들어 실형을 받는 경우가 드물었다. 문화예술계에서 중요한 위치에 있었던 지휘자 푸르트뱅글러나 카라얀, 또는 독일 제국을 대표했던 작곡가 슈트라우스 등은 모두 과거 문제로 비난을 받고 조사를 받았다. 하지만 이들이 유대인 예술가들이나 나치 치하에서 위험에 처한 사람들에게 도움을 베풀었다는 것이 증명되면 이러한 비난에서 어렵지 않게 벗어날 수 있었다. 게다가 많은 경우 나치 당원이 아니었던 음악가들은 자신이 '예술가로서 예술만 했을 뿐'이라는 교묘하고도 든든한 자기변호에 힘입어 큰 어려움 없이 다시 활동을 재개할 수 있었다. 물론 나치 당원이었다 하더라도 이것이 살아남기 위한 보호책이었다고 변명할 수 있었다.

이것은 연주가나 창작자에 국한되는 것이 아니었다. 문서로 명백한 증거를 남겼던 음악 비평가들과 학자들도 형식적인 수준에서 '탈나치화' 과정을 거친 후에는 서독 연방공화국에서 다시 비평가나 학자로서 일할 수 있었다. 나치 음악 비평가 아벤트로트는 1945년 이후 활동이 금지되기는커녕 함부르크의 유명한 신문 〈디 차이트Die Zeit〉의 책임 음악 주간으로 전후 독일의 공적 음악 생활에 큰 영향을 미쳤다.

학자들의 예를 들면, 1933년에 실직했다가 1940년부터 나치의 음악 정책에 적극적으로 동조했던 음악학자 한스 요아힘 모저Hans Joachim Moser(그의 책《음악사》는 우리에게도 소개되어 있다)는 종전 직후에는 어려움을 겪었으나 다른 동료의 옹호로 1950년에는 베를린 콘서바토리 원장직을 맡게 되었다. 이때 모저를 도와준 다른 동료는 바로 하인츠 티센Heinz Tiessen이라는 음악가였는데, 그는 나치 시기 베를린 음대 교수로 재직하면서 1938년 뒤셀도르프의 '퇴폐 음악 전시회'에 관여한 인물이었다. 그런데도 그는 전후에 아무 어려움 없이 서독에서 지도적인 음악 교육자로 활동했으며, 다른 음악가들의 '과거 혐의'를 평가하는 권한을 부여받는다. 도둑에게 도둑의 수사권을 맡긴 격이다. 그러니 그의 추천을 통해 모저와 같은 나치 혐의를 받았던 음악가, 음악학자들이 혐의에서 벗어나 다시 사회에 복귀하고 음악계의 요직을 차지할 수 있었던 것이다.

게다가 적극적인 나치 당원이었고 유대인 음악가들의 악기를 몰수하는 데 앞장섰던 볼프강 뵈티처Wolfgang Boetti-cher(반유대인 음악 사전 집필에도 크게 기여했다)와 같은 음악학자가 1972년 괴팅겐 문과대학 학장을 거쳐 사회적으로 중요한 역할을 하는 등, 슈만 전문가로 서독 음악학계의 존경을 받았으니 독일 음악가의 과거 청산은 1980년대까지도 금기시되었다 해도 과언이 아니다.

이런 실정이고 보니 〈독일 청년들을 위한 행진곡Marsch der Deutschen Jugend〉(1941) 등 나치 정부를 찬양하는 곡들을 작곡했던 베르너 에크와 같은 작곡가가 1950년 베를린 음대 학장직을 맡게 된 것은 놀랄 일도 아니다. 또 〈음악과 종족 Musik und Rasse〉 등과 같은 논문을 발표하여 나치의 반유대 음악 정책에 이론적으로 기여했던 음악학자 프리드리히 블루메Friedrich Blume가 전쟁이 끝난 후에도 독일 음악학계의 대부로 활약했던 것도 수많은 예들 중 하나다. 따라서 블루메가 편찬한 독일음악대사전 〈역사 속의 음악과 동시대의 음악Musik in Geschichte und Gegenwart〉(MGG, 제1판)에 1933년에서 1945년까지의 독일 음악학자의 활동에 대해 상세히 기록되지 않은 점은 이상하게 생각할 필요도 없다. 1990년대 후반에 편집진과 필자가 모두 바뀐 제2판 〈역사 속의 음악과 동시대의 음악〉에서야 비로소 이러한 약점이 보완되어 출판되었다.

이렇듯 과거 청산과 관련하여 독일 학계에서 가장 보수적인 학문 분과 중 하나인 음악학계에서도 1990년대부터 점차 과거 청산 작업이 시작되었다. 그 이유는 다양하겠지만 무엇보다도 동서독의 통합 이후, 다시 네오 나치들과 국수주의자들이 사회에 물의를 빚고 기승을 부리는 상황에서 독일의 역사를 어느 정도 거리를 가지고 객관적으로 바라보려는 젊은 학자들에게 나치 음악 연구가 더 이상 미룰 수 없는 중요한 연구 과제로 인식되기 시작했기 때문이다.

4. 독일 과거 청산의 실상과 그 모순된 인상?

독일인의 과거 청산, 특히 독일 음악가의 과거 청산에 대해 알아보니 우리가 일반적으로 독일을 과거 청산의 모범 사례로 알고 있던 것과는 매우 달라 보인다. 지금까지의 서술과 달리 독일의 학교 교육에서는 철저한 비판적 역사 수업이 이루어지고 있고, 또 독일의 웬만한 마을마다 나치 시기가 연구되지 않은 곳이 없을 정도로 과거 청산에 대한 교육적·학문적 인식이 높다고 알려져 있기 때문이다. 최근에는 베를린 브란덴부르크와 독일 연방의회 주위의 6,000평 대지에 600만 명의 희생된 유대인 추모 기념물을 세우고 있으며 6,500여 개의 독일 기업이 '연대(連帶) 펀드Solidarity Fund'를 강제 반 자의 반으로 세워 제2차 세계대전 당시 강제 부역으로 희생당한 사람들에게 배상금을 나눠주고 있다. 또 어떤 대학에서는 개교 450주년 기념 사업으로 나치 시기에 그 대학에 재직한 교수들의 친나치 행적을 연구한 책을 발간하기도 했다. 그래서 우리의 일제 청산을 거론할 때, 또 일본의 과거 청산 수준을 얘기할 때 우리는 항상 독일과 비교해서 거론하는 것이다.

그런데 1990년대에 와서야 비로소 독일 음악가들의 과거 청산에 대한 필요성이 인식되었다는 것을 어떻게 이해할 것인가? 단순히 음악가들과 음악계가 원래 보수적인 집단이기 때문이라는 말로는 충분한 설명이 될 수 없다.

물론 전범으로 교수형을 받았던 헤르만 괴링의 딸이 다니는 학교에서는 역사 선생님이 역사시간에 제1차 세계대전까지만 배우고 제2차 세계대전은 집에서 그냥 읽도록 배려했다는 얘기나, 괴링이라는 이름 때문에 바이로이트 축제의 개막 공연 입장권도 받게 되어 괴링의 딸이 '괴링'이라는 아버지의 이름 덕에 항상 이득을 보았다고 즐거워하던 것은 1960년대의 일이라 치부할 수 있을 것이다.[131] 그러나 1990년 통일된 독일을 보면 꼭 그렇지 않음을 알 수 있다. 네오 나치들과 옛 나치들이 큰소리치며 거리를 활보하면서 다시 자신들의 세상이 온 듯 기뻐하지 않았던가. 기회만 있으면 외국인과 소수자에 대한 국수주의적 테러를 눈감아주는 경찰과 행정관료가 활기를 치는 것이 보여주듯 철저한 과거 청산은 책에서나 볼 수 있는 것이었다.

즉 독일의 과거 청산은 정부 차원에서, 그리고 전문가와 학자 차원에서만 이루어진 면이 크다. 그래서 자료 면에서 내세울 것이 많은지도 모른다. 그러나 일반인과 대다수 독일인들은 이 문제를 골치 아픈 것으로 회피했고, 아직도 히틀러 치하의 독일이 서독에 미친 영향에 대해서는 사회적 금기 사항이 되어 묻지 않는 것이 일반적이다. 음악가의 뒤늦은 과거 청산 수준은 어쩌면 독일 과거 청산의 어두운 이면을 그대로 반영하는지도 모른다.

그래도 독일이 일본보다 '역사 청산'이 상대적으로 잘 이루어진 것은 분명하다. 물론 이것은 독일인이 일본인보다 도덕적으로 더 낫기 때문이 아니다. 이것은 도덕성의 문제라기보다 역사 인식의 문제이고, 경제적·정치적 문제이다. 독일인은 나치의 과오를 벗지 않고 파시즘적인 분위기가 확산되면 될수록 국제사회에서 불이익을 받고 경제적으로도 타격을 받게 된다는 경험을 했다. '역사에 눈을 감으면 미래를 볼 수 없다'는 인식이 지식인들뿐 아니라 정치적 엘리트에게도 절감되었던 것이다. 다시 말해, 독일 정부는 매우 현실적인 판단에서 자국민이 나치의 망령에 사로잡히지 않도록 교육시키고자 노력할 수밖에 없다.

일본은 이런 점에서 독일과는 조금 다른 입장에 있다. 일본인에게 미진한 과거 청산과 경제적 불이익은 그리 큰 상관관계가 없다. 오히려 히로시마에 투하된 원자폭탄으로 인해 일본인 스스로 희생자라는 인식이 독일인에 비해 훨씬 강하게 작용하고 있다.

결론적으로 독일의 과거 청산은 정부와 역사학자, 전문가들의 경우에는 그 노력이 두드러지는 반면 일반 국민의 의식 속으로 넓고 깊게 퍼지지는 못했음을 인정할 수밖에 없다. 우리가 과거 청산 작업을 위해 독일을 참고할 때 자료나 문서에는 잘 나타나지 않는 이러한 독일 과거 청산의 괴리는 반드시 고민하고 해결해야 할 중요한 문제이다.

지금까지 히틀러와 나치라는 정치·사회적 충격으로 인해 음악가와 음악 문화에 어떤 변화가 있었는지 단편적이나마 살펴보았다.

나치의 위협을 피해 떠난 자들은 떠난 자들대로 또 머문 자들은 머문 자들대로 예술가로서 인간으로서 살아남기 위해 새로운 상황에 적응할 수밖에 없었다. 삶의 변화나 예술의 변화가, 하루아침에 자신이 몸담아왔던 문화적 맥락을 떠나 새로운 환경에 내동댕이쳐진 망명 음악가들에게서 뚜렷하게 드러났다. 또한 '음악은 음악이고 정치는 정치다'라는 이분법이 얼마나 허망한 것인지 나치에게 협력한 음악가들의 행동과 나치 음악 정책에서 적나라하게 폭로되었다. 그러니 "히틀러에게 파견되어 취리히나 파리 혹은 부다페스트에서 지휘한 지휘자가 '나는 음악가일 뿐이며, 그래서 음악만 할 뿐이다'라고 말한다면, 이는 흉측한 거짓말이다"[132]라고 말한 망명 작가 토마스 만의 단호한 주장은 결코 지나친 말이 아니다. 아이러니컬하게도 푸르트뱅글러를 정책적으로 이용했던 괴벨스의 일기가 이 사실을 생생하게 기록하고 있다(제3장 참조).

음악이 정치·사회와는 무관한 순수한 예술로 여겨지면 여겨질수록 나치의 음악 정책이 성공할 수 있었다는 사실은 우리에게도 시사하는 바가 크다. 나치의 음악관을 잘 대변하는 카라얀의 위력이 전쟁이 끝난 후 더욱 막강해지고 우리나라에서도 큰 영향력을 행사한 사실은 나치의 음악 정책이 우리와 상관없는 남의 나라의 지나간 얘기가 아님을 일러준다.

그런데 서양 음악을, 그것이 탄생된 사회적 맥락은 무시한 채 음악 그 자체로만 수입하고 수용해온 우리는 베토벤 〈9번 교향곡〉의 〈환희의 송가〉가 나치 시기에 어떤 역할을 했는지도 모른 채 찬송가로 둔갑한 이 노래를 성스럽게 부르고, 결혼식에서도 축복의 노래로 애창하고 있다. 〈9번 교향곡〉 중에서도 특히 이 노래가 독일인의 음악적 우월감을 부추기고 독일 사회를 배타적인 공동체로 만들어 타 민족을 학살하는 데 크게 기여한 사실을 안다면, 우리는 3악장과 4악장 사이에 쇤베르크의 〈바르샤바의 생존자〉를 삽입하여 연주한 지휘자 미하엘 길렌Michael Gielen의 의미 있는 시도에 박수를 보내지 않을 수 없으리라(프랑크푸르트에서 1970년대 말에 처음으로 시도되었고, 최근에도 반복되었다). 〈환희의 송가〉는 〈바르샤바의 생존자〉가 고발하는 반인류적인 행위와 비교되어 그 유토피아적 의미가 상대화되지만, 바로 이러한 비판적 성찰을 통해 비로소 〈환희의 송가〉는 새 의미를 부여받을 수 있을 것이다. 길렌의 연주는 오늘날 역사와 사회에 책임을 지는 예술가의 태도는 어떠해야 하는지, 또 책임 있는 작품 해석은 어떻게 이루어져야 하는지를 모범적으로 보여주었다.

독일의 음악 문화가 우리의 관심을 끄는 또 다른 이유는 우리 음악 문화의 미진한 과거 청산 작업 때문이다. 현재까지도 음악인의 친일 문제를 터놓고 말하지 못하는 실정이니, '민족 음악가' 또는 '친일 음악가'라는 모순적인 평가를 받고 있는 홍난파를 비롯한 친일 음악가에 대한 연구는 제자리걸음을 하고 있다 해도 과언이 아니다. 여전히 우리 사회의 중요한 과업이 친일파의 막강한 권력의 힘에 위협받고 있으니, 친일 음악인의 과거 청산은 결코 과거의 문제가 아니라 오늘의 문제인 것이다.

친일 문제를 파헤쳐 과거 청산 작업을 하고자 하는 것은 결코 친일파를 도덕적으로 벌주는 것만이 목적이 아니다. 잘못된 역사를 바로잡는 것만큼이나 중요한 것은 바로 손가락을 깨물어 혈서까지 쓰며 일제에 충성하게 만들었던 이데올로기의 위력을 파악하는 것이다. 이런 이데올로기가 지배하게 되었던 사회적 구조와 시스템을 제대로 알아야 현재에도 작동하고 있는 이 구조를 정확하게 인식하고 바꾸어나갈 수 있을 것이다.

드러내놓고 나치에 충성하고 아부한 수많은 무명의 어용 음악인들보다 베토벤을 멋지게 연주한 대가의 존재가 나치 정책에 더 크게 기여한 사실을 염두에 두고, 단순히 천황을 찬양하는 글이나 노래로 드러나는 것을 넘어서서 친일과 직접적인 관련이 없어 보이는 음악 행위도 일제의 문화 정책이라는 맥락에서 면밀히 고려해야 할 것이다. 전쟁 이데올로기로 무장해나갔던 나치 치하 독일에서처럼 일제 치하에서도 음악의 자율성은 존재하기 힘들었을 것이기 때문이다.

과거 청산이 과거의 일이 되지 못하는 현재 우리 사회에서 솔직하고 책임감 있는 학자와 예술가치고 '잘못된 세상에는 올바른 삶이 없다'(아도르노)는 인식 앞에서 자기 딜레마에 빠지지 않을 사람이 있을까. 히틀러 치하의 독일사회처럼 열심히 하면 할수록 더욱 죄가 커지는 모순에 빠지지 않으려면 예술가로서 자신의 일에 충실해야 함과 동시에 세상과 사회에 매몰되지 않고 낯선 시각과 비판의 칼날을 항상 예리하게 갈고 있어야 할 것이다. 오늘 우리 사회를 생각하는 예술은 어떤 식으로든 비판적인 것이 될 수밖에 없으리라.

1 윤이상은 1917년 통영에서 태어났다. 1956년에 유럽으로 음악 공
   부를 하러 갔으나 1967년 남한 정보부의 계략으로 서울로 강제로
   끌려가 간첩 혐의로 사형 선고를 받았다. 하지만 국제적인 구명 운
   동으로 다시 풀려나와 독일 서베를린에서 1995년 사망할 때까지 20
   세기의 뛰어난 작곡가로 활약하여 한국에서보다 독일을 비롯한 유
   럽에서 더 유명하다. 한국에서 그의 이름이 해금(解禁)된 지는 10년
   이 채 못 된다. 작품으로 오페라 〈류퉁의 꿈〉·〈심청〉·〈나비의 미망
   인〉 등이 있고, 관현악곡 〈광주여 영원히!〉, 칸타타 〈나의 땅 나의 민
   족이여!〉 등이 있으며, 그를 기리는 통영 국제 음악제가 1999년부터
   매년 개최되고 있다.

2 1920년대 베를린은 러시아 혁명으로 인해 도피한 러시아 보수주의
   자들의 망명지가 되기도 했고, 무솔리니Benito Mussolini를 피해 온
   이탈리아인들의 도피처가 되기도 했다.

3 이 당시 망명인들은 누구나 히틀러가 오래가지 않아 멸망하리라 믿
   었으므로 우선 유럽 내에 머물게 되는데, 파리는 제2차 세계대전이
   터지기 전까지 망명인들에게 정치적·문화적 활동을 허용하는 매력
   적인 도시였다.

4 Albrecht Dümling·Peter Girth, *Entartete Musik*(Düsseldorf: dtv

der kleine Verlag, 1993), 261쪽; Claus P. Krohn 외, *Handbuch der deutschsprachigen Emigration 1933~1945*(Darmstadt: Primus Verlag, 1998), 1032~1034쪽.

5　이미 나치들은 1933년 2월에 정치범을 수용하는 집단수용소 'KZ'를 설치했다.

6　제국문화협회 산하에는 방송협회, 연극협회, 영화협회, 문학협회, 신문협회, 음악협회의 모두 6개 조직이 있었다.

7　Michael H. Kater, *Gewagtes Spiel. Jazz im Nationalsozialismus*(Köln: Kipenheuer & Witsch, 1995), 73~74쪽.

8　Anthony Heilbut, *Kultur ohne Heimat. Deutsche Emigrant in den USA nach 1930*(원제 *Exiled in Paradise*)(Reinbek·Hamburg: Rowohlt Taschenbuch Verlag, 1991), 33쪽.

9　나치들은 유대인 회교당에 불을 질렀을 뿐만 아니라 가게를 부수고 유대인에게 테러까지 가했는데, 이날 밤을 '수정의 밤Kristallnacht'이라 부르는 이유는 수없이 많이 깨진 유리창들이 불빛에 반짝여 수정처럼 보였기 때문이다.

10　새로운 예술 활동을 위해 외국으로 떠났던 음악가들 역시 다른 분야의 망명인들과 마찬가지로(또는 훨씬 더 높은 비율로) 대다수가 유대인이었다. 한 예로 영국으로 망명 간 음악가들의 90퍼센트가 유대인이었다. Claus P. Krohn 외, *Handbuch der deutschsprachigen Emigration 1933~1945*, 1032~1034쪽.

11　Arnold Schönberg, *Briefe*. Ausgewählt und herausgegeben von Erwin Stein(Mainz: Schott, 1958), 95쪽.

12　퇴폐 음악 전시회는 나치들의 음악관에 맞지 않는 음악가들과 유대인 음악가들을 공개적으로 박해하고자 개최한 행사이다.

13　문학에서 이와 비슷한 경우로 작가 오스카 마리아 그라프Oskar Ma-

ria Graf가 있는데, 그는 나치들이 작성한 금서 목록에 자신의 이름
이 없자 본인의 이름을 넣어달라고 신문에 항의하는 글을 발표했다.

14 Ernst Krenek, *Im Atem der Zeit. Erinnerungen an die Moderne*(Hamburg:
Hoffmann und Campe, 1998), 290쪽.

15 정해본,《독일근대 사회경제사》(지식산업사, 1991), 326~327쪽.

16 여성 음악가는 대체로 성악이나 기악과 같은 연주 분야에서 활동했
다. 성악가 자비네 칼터Sabine Kalter의 예를 한번 들어보자. 메조소
프라노로 함부르크 시립 오페라단에서 청중의 사랑을 받았던 그녀
는 유대인이었지만 1935년까지 무대에 설 수 있었다. 이것은 그녀
에 대한 청중의 사랑과 오페라 단장의 의지가 함께 만들어낸 예외
였다. 이미 1930년대 초부터 극우파의 압력이 있었는데도 불구하고
오페라단 단장은 그녀를 해고하지 않았다. 1933년 3월 〈맥베스〉 공
연에서는 나치 간부들이 객석에 자리 잡고 있었지만 그녀의 아리아
가 끝나자 청중석에서 열광적인 박수가 터져나오기도 했다. 2년 뒤
1935년의 〈맥베스〉 공연에서는 공연 도중 나치 친위대 SS 단원들이
소리치며 훼방을 놓았으나 청중의 갑작스러운 박수로 이들의 방해
는 헛수고로 돌아갔다. 그러나 생명의 위협을 느낀 칼터는 다음 날
바로 영국으로 망명을 떠났다.

17 위대한 교향곡 작곡가 구스타프 말러Gustav Mahler의 아내 알마
Alma Mahler도 결혼 전에 작곡에 재능이 있어 쇤베르크의 스승이
기도 했던 알렉산더 폰 쳄린스키Alexander von Zemlinsky에게 작곡
을 배운 재능 있는 여성이었다. 그러나 가부장적인 남편 구스타프
의 요구에 따라 결혼과 함께 자신의 작곡은 포기하고 오로지 남편의
음악만을 감탄하고 후원해야 했다. 그러나 알마는 구스타프 말러의
이른 죽음으로 자신이 원하기만 하면 다시 작곡을 할 수 있는 (재정
적·사회적으로) 유리한 조건이었지만 아쉽게도 더 이상 작곡을 시

도하지 않는다. 대신 그녀는 화가 오스카 코코슈카Oskar Kokoschka
나 건축가 발터 그로피우스Walter Gropius, 문학가 프란츠 베르펠
Franz Werfel의 창작욕을 자극하는 아름답고 화려한 뮤즈의 역할에
만족하고 만다. 1940년 그녀는 베르펠과 함께 미국으로 망명을 떠
나는데, 전남편 말러의 유품 중 값어치가 많이 나가는 악보는 낑낑
대며 들고 갔지만(급할 때 팔 수 있으므로) 자신의 음악을 기록할
생각은 하지 않았다.

18 물론 영화음악을 작곡한 여성 음악가가 없는 것은 아니다. 프랑
스 6인조 중 유일한 여성 작곡가였던 제르멘느 타유페르Germaine
Tailleferre가 있었지만 전쟁 기간 동안 프랑스에서 살았고 유대인
도 아니며 망명 음악가도 아니었다. 그녀는 1938년과 1942년에 프
랑스 영화 〈푸른 모자를 쓴 여인들Ces dames aux chapeaux verts〉과
〈수줍은 두 사람Les deux timides〉의 음악을 작곡했을 뿐 그리 적극
적으로 활동하지 않았다.

19 원칙적으로 공산당원의 과제는 자본주의 나라에서 영향력을 행사
하는 것이므로 망명지로서 소련은 당원에게 그리 큰 도움이 되지 못
했다.

20 Tony Thomas, *Filmmusik. Die großen Filmkomponisten-ihre Kunst und ihre
Technik*(München: Wilhelm Heyne Verlag, 1995), 27쪽. 로저는 후에
〈쿠오바디스〉, 〈벤허〉, 〈엘 시드〉, 〈소돔과 고모라〉 등의 영화음악을
만들어 할리우드에서 크게 성공한다. 그에게 이러한 충고를 해준 사
람은 다름 아닌 스위스 음악가 아르투어 오네게르Arthur Honnerger
이다.

21 동화 오페라 〈헨젤과 그레텔〉로 유명한 작곡가 엥겔베르트 훔퍼딩
크Engelbert Humperdinck의 제자였던 구를리트는 24세의 젊은 나
이에 브레멘 시립악단을 이끄는 지휘자가 되어 당시 독일에서는 최

연소 음악총감독으로 관심을 끌었다. 이 시기에 구블리트는 베르크의 〈보체크Wozzeck〉가 초연된 지 4개월이 지난 1926년 4월 26일 브레멘에서 자신의 오페라 〈보체크〉를 성공적으로 초연하게 된다.

그는 사회 비판적인 오페라 〈보체크〉와 〈군인들〉 때문에 예술가로 살아남기 위한 전략으로 1933년 나치당에 가입한다. 그러나 1935년 그의 사촌이었던 음악학자 빌리발트 구블리트Wilibald Gurlitt가 유대인이라는 사실이 밝혀지면서 1937년에 당적도 무효가 되었는데, 이때부터 그는 망명의 가능성을 생각했다. 대체로 음악가들이 미국으로 망명을 간 것에 비해 구블리트가 선택한 망명국은 일본이었다. 물론 나치가 금지하는 작곡가로서 그의 작품을 연주하지 못하는 상황에서 '선택'이라는 말은 어색할 수 있다. 그가 일본으로 망명한 것은 베를린에서 일본 대사를 알게 된 우연의 결과였기 때문이다.

22 참고로 "미국에서는 작곡보다 부엌일로 돈을 더 많이 벌 수 있다"고 쇤베르크의 장모가 말했을 정도로 대학교수의 임금은 사실 보잘것 없었다. 그렇다 해도 아예 교수직도 얻지 못해 공장에서 일하는 음악가나 자원단체의 보조금을 받아야 했던 많은 문학인들의 처지에 비하면 교수직에 있던 음악가의 사정이 그래도 나았다고 해야 할 것이다.

23 솅커 이론은 모든 음악작품을 화성적으로 I와 V의 단순한 관계(원초선율)로 이해하고 분석하려는 음악 이론이다. 현대음악에는 전혀 적용할 수 없는 약점이 있을 뿐 아니라, 전혀 다른 종류의 음악들이 이 이론에 의해 거의 같은 것이 되어버릴 수도 있는 한계점이 있다.

24 영화 〈선셋 대로Sunset Boulevard〉와 〈젊은이의 양지A Place in the Sun〉의 영화음악으로 왁스먼은 1950년, 1951년에 연이어 오스카 상을 받았다. Tony Thomas, *Filmmusik. Die großen Filmkomponisten-ihre*

Kunst und ihre Technik, 42쪽.

25 미국 망명에서 성공하지 못한 음악가들로 파울 데사우Paul Dessau, 쳄린스키, 파울 아브라함Paul Abraham, 에리히 이토어 칸Erich Itor Kahn을 들 수 있다.

26 데사우는 미국 망명 시기에 브레히트와 공동 작업을 한 작곡가이다. 그래서 주로 브레히트 작품의 작곡가로 알려져 있으나 독자적인 음악가로도 인정되어야 마땅하다. 피카소의 그림을 보고 피아노 곡 〈게르니카Guernica〉를 작곡했고, 게오르크 뷔히너Georg Büchner의 〈레옹세와 레나Leonce und Lena〉를 오페라로 작곡했다.

27 예술음악을 작곡하면서도 할리우드에서 '수준 있는 영화음악가'로 인정받은 경우로 아이슬러를 들 수 있다. 그는 유머가 뛰어나 미국인들과 관계도 좋았고 실용음악 분야에도 경험이 많았으므로 이 분야에서 쇤베르크보다 더 인정받았다. 제1장 4절 '(2) 참여음악의 대표자—한스 아이슬러'를 참조하라.

28 Bertolt Brecht, "Hollywooder Elegien", *Bertolt Brecht Berliner und Frankfurter Ausgabe 12, Gedichte 2*(Berlin und Weimar: Aufbau-Verlag; Frankfurt a. M.: Suhrkamp Verlag, 1988), 116쪽. 앞으로 브레히트 작품 인용은 저자와 작품명, 권수와 인용 페이지만 언급한다.

29 Alfred Döblin, "Als ich wiederkam", Egon Schwarz·Matthias Wegner(Hg.), *Vertreibung. Aufzeichnungen deutscher Schriftsteller im Exil*(Hamburg: Kipenheuer, 1964), 303쪽.

30 Theodor W. Adorno, *Minima Moralia. Reflexionen aus dem beschädigten Leben*(Frankfurt a. M.: Suhrkamp, 1985), 최문규 옮김,《한 줌의 도덕. 상처 입은 삶에서 나온 성찰》(솔, 1996), 48~49쪽.

31 Anthony Heilbut, *Kultur ohne Heimat. Deutsche Emigrant in den USA nach 1930,* 151쪽.

32 쇤베르크에게 배웠으나 스승과는 전혀 다른 길을 갔던 제자 아이슬
러가 1935년 미국 연주 여행에서 쇤베르크를 만나 화해하게 되는
것도 망명의 선물이라 할 수 있다.

33 젊은 시절에는 쇤베르크의 친구들 중에 마르크스주의자도 있었고,
그는 그들의 이론을 주의 깊게 듣기도 했다. 그러나 부르주아인 자
신과 노동자들 간의 차이를 인식하고는 정치를 멀리하고 음악에만
전념했다[Arnold Schönberg, *Meine Haltung zur Politik*; H. H. Stuck-
enschmidt, *Schönberg. Leben·Umwelt·Werk*(München: Piper, 1989),
507쪽].

34 1947년에 쓰여진 〈바르샤바의 생존자〉를 망명 작품으로 보는 것에
의문을 가질 법하다. 1945년 독일이 패망했다고 해도 망명인들은
바로 고향으로 귀국할 수 없었다. 종전 직후에는 유럽과 미 대륙을
연결하는 비행기 운항이 제대로 이루어지지 않았고, 국가적 업무가
아닌 이상 개인이 이 구간을 여행하는 것은 불가능했다. 이런 문제
들을 감안할 때 1945년을 망명 생활의 끝으로 보는 것은 타당하지
않다. 학자들 간에 망명의 종결을 언제로 볼 것인가에 대해 논란이
많지만 종결의 시점을 가능한 한 길게 잡아야 한다는 것이 1990년
대 망명 연구가들의 일반적인 의견이다. 특히 음악작품에는 작곡가
의 환경 변화가 직접적으로 잘 드러나지 않을 뿐 아니라 드러나더라
도 오랜 시간에 걸쳐 나타날 수 있으므로 1960년대까지도 망명 음
악 연구에 포함시키는 학자도 있다. 그러나 나는 1950년 전후를 망
명의 종결로 보고자 한다. 이는 한국전쟁을 계기로 동서 간의 냉전
체제가 표면화되면서 급속도로 우경화되는 미국의 정책이 망명인
들에게 귀국할 것이냐 미 대륙에 남을 것이냐라는 마지막 결단을 촉
구하는 계기가 되었기 때문이다. 즉, 망명인 스스로 내린 결정으로
말미암아 이 시점부터는 엄격하게 따져서 '강제적인' 의미가 약화되

기 때문이다.

35 73세의 쇤베르크는 보통 오선지로 일할 수 없을 만큼 눈이 나빠져 프랑스 작곡가 르네 레이보비츠René Leibowitz의 도움을 받아 악보를 완성했다. 1948년 11월 4일 미국 동남부의 뉴멕시코에서 의미 있는 첫 공연이 있었는데 극적인 긴장감으로 관중을 사로잡았다(H. H. Stuckenschmidt, *Schönberg·Leben·Umwelt·Werk*, 441쪽).

36 Hans Ferdinand Redlich, *Alban Berg. Versuch einer Würdigung*(Wien: Universal Edition, 1957), 105쪽.

37 이 텍스트는 쇤베르크가 "직접 간접으로 받은 정보를 근거로 해서 작성"했다. Michael Maeckelmann, *Schönberg und das Judentum. Der Komponist und sein religiöses, nationales und politisches Selbstverständnis nach 1921*(Hamburg: Wagner, 1984), 481쪽.

38 〈바르샤바의 생존자〉에 대해서는 이경분, 〈쇤베르크의 바르샤바의 생존자와 망명 음악〉, 《낭만음악》 제45호(1999, 겨울), 5~38쪽을 참조하라. 또 인터넷 사이트 'www.um-ak.co.kr'을 참조하라.

39 Carl Dahlhaus, "Thesen über engagierte Musik", Otto Kolleritsch (Hg.), *Musik zwischen Engagement und Kunst*(Wien, Graz: Universal Edition, 1972), 7쪽.

40 Theodor W. Adorno, "Engagement", *Noten zur Literatur III*(Frankfurt a. M.: Suhrkamp, 1981), 423쪽.

41 신문 Das Magazin des Hessischen Rundfunks(Frankfurt a. M., 1999), Nr. 4, 10쪽.

42 Theodor W. Adorno, *Kulturkritik und Gesellschaft: Prismen; Ohne Leitbild; Eingriffe; Stichworte*(Frankfurt a. M.: Suhrkamp, 1963), 30쪽. 아도르노의 이 주장은 예술계에 많은 논란을 불러일으켰다. 최근의 토론은 이제 아우슈비츠에 관한 예술이 가능한가, 불가능한가의 문제가 아

니라 어떻게 이 경험을 후손에게 전달할 것인가라는 형상화 문제에 초점을 모으고 있다[이상빈, 《아우슈비츠 이후 예술은 어디로 가야 하는가》(책세상, 2001)].

43 자세한 내용은 이경분, 〈한스 아이슬러의 음악관: 음악과 사회〉, 《음악과 민족》 제20호(2000), 288~304쪽을 참조하라.

44 쇤베르크는 1939년 영국으로 망명 가서 작곡가보다 지휘자로서 인정받은 제자 랑클을 높이 평가했다. 그래서 죽기 직전 랑클이 공산주의자인 줄도 모르고(만약 이 사실을 알았다면 랑클의 이름을 언급조차 하지 않았을 것이다), 그에게 자신의 미완성 작품인 〈야코프의 사다리Die Jakobsleiter〉를 총보로 만드는 작업을 할 수 있는지 물었다[H. H. Stuckenschmidt, *Schönberg. Leben·Umwelt·Werk*, 472쪽].

45 Bertolt Brecht, "An die Nachgeborene", 12권, 87쪽.

46 Hans Eisler, "Einiges über das Verhalten der Arbeitersänger und-musiker in Deutschland", *Musik und Politik I*(Leipzig: Deutscher Verlag für Musik, 1985), 244~245쪽.

47 블로흐의 비평은 〈독일 민중 신문Deutsche Volkszeitung〉(Prag.), 1937년 12월 26일 자를 참조하라.

48 아이슬러 외에도 거의 모든 망명 작가와 지식인들이 FBI의 감시를 받았다. 브레히트는 물론이고 심지어 미국에서 대대적으로 인정받았던 토마스 만에 대한 FBI 서류도 얼마 전에 공개되었다. 게다가 FBI에게 정보를 제공한 독일 망명인도 있었는데, 토마스 만의 큰딸 에리카 만이 이 역할을 한 것이 드러나 충격을 주었다[Alexander Stephan, *Im Visier des FBI. Deutsche Schriftsteller in den Akten amerikanischer Geheimdienste*(Stuttgart und Weimar: Metzler, 1995)를 참조하라].

49 1947년 《영화를 위한 작곡》이 뉴욕에서 영어판으로 처음 출간되었

을 때는 아이슬러 혼자 저자로 언급된다. 당시 아이슬러가 소련의 첩자 및 반미 행위 혐의를 받아 미국 관청의 심문을 받는 중이었으므로, 그 여파로 자신에게 미칠 신변 위험을 생각하여 아도르노가 저작권을 포기했기 때문이다. 1969년에 독일어판이 출간될 때에야 비로소 두 사람의 이름이 함께 실리게 되었다.

50 Johannes C. Gall, "Falsche Flaschenpost?" *Eisler-Mitteilungen 32*(Interantionale Hanns Eisler Gesellschaft, 2003), 11쪽. 물론 이 일화는 블로흐가 아도르노를 좋아하지 않았다는 사실을 감안하고 읽어야 할 것이다. 예를 들면, '우아하게 냉담한'이라는 표현이나, 아도르노의 철학이 '항상 같은 것'을 말하고 있다는 것 등에는 블로흐의 주관적 평가가 들어 있다고 보아야 한다. 그런데 이 일화는 적어도 세 가지로 약간씩 다르게 알려져 있다. 아이슬러의 친구였던 요아힘 슈마허 Joachim Schumacher가 1973년쯤에, 그리고 역시 아이슬러의 친구이자 독문학자인 한스 마이어Hans Mayer가 1996년에 기록하고 있다. 이 두 사람의 기록에서는 '나는 형이상학적인 혹평가이다' 대신에 '나는 우울하다'로 되어 있다.

51 《영화를 위한 작곡》은 이 시기에 아도르노와 아이슬러가 어떤 점에서 생각을 공유하고 있는지를 잘 보여준다. 특히 이 책의 중요한 내용인 현대음악에 대한 높은 평가와 문화산업에 대한 비판에서 두 사람 모두 전적으로 동의하고 있다. 물론 이들의 미학적·정치적인 차이가 없어졌다는 말은 아니다. 아도르노와 아이슬러의 주장이 서로 합의점을 찾지 못할 때, 저자들은 이를 숨기지 않고 '아도르노의 생각'과 '아이슬러의 생각'을 따로 구분하여 서술하기도 한다. 서로의 차이점을 너무나 잘 알고 있고 또 인정했기 때문에 오히려 공동의 목적을 성공적으로 이루어내었다고 본다.

52 아도르노의 제자 하인츠 클라우스 메츠거Heinz-Klaus Metzger는

이 노래를 오히려 브레히트에 대한 패러디로 보려고 했다.

53 자세한 것은 이경분, 〈한스 아이슬러와 망명 음악〉,《음악이론연구》
제5집(서울대 서양음악연구소, 2000), 145~167쪽을 참조하라.

54 Hanns Eisler, *Fragen Sie mehr über Brecht. Gespräche mit Hans Bunge*
(Leipzig: Deutscher Verlag für Musik, 1975), 72쪽.

55 망명 시기에 저술한 연극이 거의 상연되지 못하고 서랍에 넣어두어
야 했던 브레히트의 처지에서는 그나마 그의 시가 노래로 만들어지
는 것을 드라마가 상연되는 것에 비유할 정도로 큰 의미를 두었던
것이다. Bertolt Brecht, *Arbeitsjournal 1*, 497쪽.

56 디스카우가 부른 가곡들은 요즘 CD로도 구입할 수 있다(Teldec
Classics International Germany: NR. 4509-97459-2).

57 Hanns Eisler, *Lieder und Kantaten II*(Leipzig: Breitkopf & Härtel,
1955), 175쪽.

58 Hanns Eisler, *Fragen Sie mehr über Brecht*, 194쪽. 참고로 횔덜린의 모
순적 수용은 이 당시 베토벤의 수용과 비슷한 측면이 있다(제3장 참
조). 횔덜린은 한쪽에서는 국수적인 애국 시인으로 나치에게 칭송
받았지만 다른 한쪽에서는 아이슬러와 같은 망명인뿐 아니라 나치
수용소에서 죽음을 앞둔 빅토어 울만Viktor Ullmann도 그의 시를
가곡으로 작곡했다.

59 아이슬러는 횔덜린의 시를 가지고 모두 6곡의 노래를 작곡했다. 각
각 〈희망에 부쳐An die Hoffnung〉, 〈회상함Andenken〉, 〈비가(悲歌)
1943년Elegie 1943〉, 〈고향Die Heimat〉, 〈한 도시에An eine Stadt〉,
〈기억Erinnerung〉이라는 제목인데, 횔덜린 시의 흔적은 조금만 남
은 매우 아이슬러적인 텍스트로 바뀌었다. 그래서 아이슬러도 이것
을 "미완성 시"라고 칭한다. 제목도 달라지는데, 예를 들면 횔덜린의
14절의 장시 〈평화에 대한 송가Der Frieden〉에서 1절 정도만 떼어

내어 〈비가 1943년〉을 만들었다. 아이슬러는 1962년 동독에서 죽기 얼마 전에 다시 횔덜린 시들에 곡을 붙이는데, 미국 망명 시기와 비슷한 내적 긴장감과 미래에 대한 불안을 느꼈으리라 추측된다. 자세한 것은 이경분, 〈한스 아이슬러의 동독 음악 "진지한 노래들"〉, 《낭만음악》 제48권(2000, 가을)을 참조하라.

60 텍스트는 다음과 같다. "번쩍이며 붉게 물든 저 뒤 고향에서, / 거기서 구름이 오네. / 그러나 아버지와 어머니는 오래전에 돌아가셔 / 그곳에 나를 아는 이 아무도 없네"(Hanns Eisler, *Lieder und Kantaten I*, 73쪽).

61 Theodor W. Adorno, *Philosophie der neuen Musik*(Frankfurt a. M.: Suhrkamp, 1976), 114~116쪽.

62 죄르지 루카치György Lukács가 아이슬러를 찬란한 독일 문화를 오용하고 파괴하는 자라고 비난하여 1938년에 두 사람 간에 서슬 퍼런 논쟁이 일어났던 것을 생각하면 시사하는 바가 많다. 이경분, 〈한스 아이슬러와 망명 음악〉, 《음악이론연구》 제5집을 참조하라.

63 이러한 현상은 문학에서 더 뚜렷하게 나타난다. 20세기 독일 현대문학의 대표적인 작품들을 창작해낸 작가들은 브레히트와 토마스 만, 하인리히 만을 비롯하여 되블린, 리온 포이히트방거Lion Feuchtwanger 그리고 망명 중에 자살했던 슈테판 츠바이크Stefan Zweig나 발터 벤야민Walter Benjamin 등이지 나치 치하에서 유명했던 한스 요스트Hans Johst나, 에버하르트 묄러Eberhard Möller와 같은 아류 작가들이 아니었다.

64 1990년대 이후 독일 음악학계에서는 이들에 대한 연구가 활발히 진행되고 잊혀진 작품도 재발굴되고 있다. 이런 작업을 통해 점차 나치 수용소에서 희생된 음악가들에 대한 인식이 높아지고, 그동안 뚫려 있던 음악사의 한 부분을 채워나갈 수 있으리라 기대된다. 그러

나 국내 음악학계에서는 나치 집단수용소의 음악가에 대한 연구가 전무한 상황이다. 물론 요즘 국내에서도 과거 청산 문제에 대한 관심이 높아지고 있고, 특히 역사학계에서는 외국의 과거 청산에 관한 사례를 소개하는 연구도 활발해지는 실정이다. 따라서 음악학계에서도 나치에 희생된 음악가들에 대한 연구를 더 이상 소홀히 할 수 없는 상황이라고 판단된다.

65 참고로 미국의 음악가 존 케이지John Cage가 〈4분 33초4′33″〉라는 쉼표로만 된 작품을 1952년에 발표하여 관심을 모았으나, 슐호프의 곡은 그보다 훨씬 더(30여 년) 앞선다. 나치의 핍박이 없었다면 음악사도 꽤 다른 모습을 하고 있으리라는 추측을 가능하게 하는 대목이다.

66 슐호프의 발표되지 않은 자필 원고, 1920년 3월 10일 이전의 것으로 추정된다. Eckerhard John, *Musik-Bolschewismus, Die politisierung der Musik in Deutschland 1918~1938*(Stuttgart, Weimar: Metzler, 1994), 149쪽.

67 Erwin Schulhoff, "Aus der Werkstatt der Zeit. Aufführungen von Werken der Zukunftsmusik"(1919), Eckerhard John, *Musik-Bolschewismus, Die Politisierung der Musik in Deutschland 1918~1938*, 147쪽 재인용.

68 Eckerhard John, "all art is useless…", Tobias Widmaier, *Zum Einschlafen gibt's genügend Musiken*(Hamburg: Argon Verlag, 1996), 28쪽.

69 약박의 음을 다음에 올 강박의 음과 이음표로 연결시켜 규칙적인 박자 느낌에 어긋나는 변화를 주는 방법을 싱커페이션이라 한다.

70 베를린의 다다이스트들도 재즈를 중요한 표현 수단으로 보았다. 재즈가 미국이라는 새로운 세상에서 오는 것이라는 인식에서 낡은 것을 부정하는 이미지로 받아들였던 것 같다.

71 1910년 후반 취리히에서 장 아르프Jean Arp나 트리스탕 차라Tristan Tzara 등을 중심으로 시작한 다다이즘이 미술계에 미친 영향은 누구도 부인하기 힘들다. 그러나 의사소통의 수단 자체를 부정하는 다다이즘이 음악에 미친 영향과 그 결과에 대해서는 매우 회의적이다.

72 Josef Bek, *Erwin Schulhoff. Leben und Werk, Verdrängte Musik Bd.* 8(Hamburg: Argon Verlag, 1994), 6쪽. 여기서 언급되는 리치는 나중에 슐호프의 부인이 된다.

73 Eckerhard John, *Musik-Bolschewismus. Die Politisierung der Musik in Deutschland 1918~1938*, 149쪽.

74 슐호프의 음악이 세계적인 인정을 받는 것은 1923년, 재정적으로 유리한 조건에서 활동할 수 있는 조건 때문에 프라하로 가면서부터이다. 알로이스 하바Alois Hába와 함께 사분음 음악을 연구 발표하는 등 왕성한 음악 활동을 벌이는 이 시기에 그의 중요한 작품〈올겔라라Ogelala〉(발레 음악),〈심포니 1번1. Symphonie〉, 오페라〈불꽃 Plameny/Flammen〉이 탄생한다. 특히 1920년대와 1930년 초는 슐호프의 예술적 전성기로 볼 수 있다. 그의 작품이 유럽 곳곳에서 연주(잘츠부르크, 베네치아, 겐프, 옥스퍼드 등)되었고 또한 출판도(유니버설사, 쇼트사, 체스터사 등) 되었다. 이 시기의 작품을 더 언급하면 여러 관현악 작품들을 제외하고도 피아노 곡인〈5곡의 유모레스크Fünf Humoresken für Klavier〉(1919),〈랙음악Rag-music〉(1922), 그로테스크한 무용 음악인〈달에 중독된 여인Die Mond-süchtige〉(1924),〈색소폰과 피아노를 위한 핫-소나타Hot-Sonate für Altsaxophon und Klavier〉(1930), 재즈 오라토리오〈로얄 오악H. M. S. Royal Oak. Ein Jazzoratorium〉(1930) 등이 있다.

75 여기에 개인적·경제적인 어려움도 가세한다. 현대음악 출판에 높은 명성을 누리는 유니버설 출판사와 계약을 파기하게 되어 경제적으

로 어려움을 겪게 됐을 뿐 아니라 자신의 작품이 알려지게 되는 중
요한 수단도 없어지게 되었다. 개인적으로는 어머니가 돌아가시고
부인이 중병에 걸려 가정 생활의 어려움이 가중되었다. 이런 상황에
서 슐호프는 자신에게서 피아노를 배우던 제자와 사랑에 빠져 결혼
하고자 했고, 첫 부인과의 이혼 문제 및 아들 페터의 문제가 복잡하
게 얽혀 그야말로 어려운 시기를 보낸다. Josef Bek, *Erwin Schulhoff.
Leben und Werk*, 121~122쪽.

76   Josef Bek, *Erwin Schulhoff.* Leben und Werk, 130쪽.

77   슐호프는 1938년 나치의 '퇴폐 음악 전시회'에서 그의 칸타타 〈공산
당 선언〉과 같은 정치적인 작품이 아니라 그의 재즈 음악(〈5곡의 재
즈 피아노 연습곡Cinq Etudes de Jazz für Klavier〉) 때문에 금지 목
록에 포함되었다. 나치의 음악 정책은 일관성이 없었으므로 있을 수
있는 일이다. 어쨌든 이로써 슐호프는 유대인이라는 사실과 동시에
정치적·음악적 측면에서 삼중으로 나치의 위협을 받게 되었다.

78   슐호프의 안타까운 사정을 얘기하다 보니 브레히트의 운 좋은 경우
와 비교하지 않을 수 없다. 브레히트는 1933년 덴마크로 망명한 후
생각과 달리 나치의 위력이 점점 커지자 1939년 4월, 나치가 머지
않아 덴마크도 침공하리라는 예견으로 스웨덴으로 도피하고, 1940
년 봄에는 스웨덴도 안전하지 못함을 눈치채고 다시 핀란드로 떠났
다. 실제로 그가 떠나고 한 달 남짓 후 독일은 스웨덴까지도 점령했
다. 또 그가 1941년 5월 13일 모스크바로 가기 위해 핀란드와 소련
의 경계 지역을 지나고 얼마 있지 않아 6월 26일 핀란드와 소련 간
에 전쟁이 터져 바로 이 경계 지역은 통과할 수 없는 곳이 되고 말았
다. 이처럼 브레히트가 매번 아슬아슬하게 나치의 위험에서 벗어날
수 있었던 것은 운도 따랐겠지만 유럽 정세를 예리하게 관찰하고 분
석하며 나치에 대한 객관적인 판단을 나름대로 유지하고 있었기 때

문이다. 이는 많은 망명인들이 번개같이 빠른 나치의 침략에 미리 대처하지 못해 제때 도망가지 못하고 체포되거나 구조 희망을 포기하고 스스로 자살하는 경우가 많았음을 생각할 때, 이 시기에 정치적 감각과 판단이 얼마나 생명과 직결될 수도 있었는지 시사해준다.

79 〈도장의 노래〉와 〈비누 노래〉는 둘 다 엄청난 인기를 거두었는데, 음반으로도 녹음되었고 노동 운동가의 대표적인 레퍼토리가 되었다.

80 Karl Siebig, "Ich geh'mit dem Jahrhundert mit", *Ernst Busch. Eine Dokumentation*(Reinbek bei Hamburg: Rowohlt, 1980), 181~182쪽. 이 작가는 하이나 키프하르트Heinar Kipphardt인데, 연출가로도 활동했다.

81 Karl Siebig, "Ich geh'mit dem Jahrhundert mit", *Ernst Busch. Eine Dokumentation*, 182~184쪽. 그륀트겐스는 연극 〈파우스트Faust〉의 '메피스토'를 연기해서 배우로 성공을 거두었다. 전쟁이 끝난 후 그륀트겐스가 나치 행적으로 소련군에게 잡혔을 때 부슈는 과거 자신을 도와준 그륀트겐스의 행적을 알려 이번에는 그륀트겐스가 풀려나도록 도와준다.

82 슈트라우스는 괴벨스가 편지에 대해 아무런 해명도 하지 않고 이러한 결정을 내린 것에 자존심이 상했다. Fred K. Priesberg, *Musik im NS-Staat*(Frankfurt a. M.: Fischer Verlag, 1982), 208쪽.

83 Fred K. Priesberg, *Musik im NS-Staat*, 213~214쪽.

84 Joseph Wulf, *Musik im Dritten Reich. Eine Dokumentation*(Gütersloh: Rowohlt, 1963), 195쪽.

85 Richard Strauss·Stefan Zweig, *Briefwechsel*(Frankfurt a. M.: Fischer Verlag, 1957), 54쪽.

86 전정임, 《안익태》(시공사, 1997)를 참고하라.

87 Albrecht Dümling·Peter Girth, *Entartete Musik*, 223쪽.

88 인용된 괴벨스의 일기 내용은 모두 Albrecht Dümling·Peter Girth, *Entartete Musik*, 223~225쪽을 참조하라.

89 Ernst Haeusserman, *Herbert von Karajan*(Gütersloh: Bertelsmann, 1978), 79쪽. 카라얀의 나치 당원 기록에 관해서는 Fred K. Prieberg, *Musik im NS-Staat*, 19쪽을 참조하라.

90 Albrecht Dümling·Peter Girth, *Entartete Musik*, 225쪽.

91 Fred K. Prieberg, *Musik im NS-Staat*, 20쪽.

92 Karl Siebig, "Ich geh'mit dem Jahrhundert mit", *Ernst Busch. Eine Dokumentation*, 134쪽.

93 일제 프롬 미하엘스는 전쟁 후 함부르크 음악대학의 교수로, 또 함부르크 예술아카데미의 첫 여성 회원으로도 활동했다. 그러나 작곡은 더 이상 하지 않고 스트라빈스키, 쇤베르크, 바르톡 등 현대음악가의 음악을 연주하는 피아니스트 활동에만 집중한다.

94 이상빈, 《아우슈비츠 이후 예술은 어디로 가야 하는가》, 38~39쪽.

95 이때 잡지 《민족의 관찰자*Völkische Beobachter*》는 20세기 독일 의 천재 히틀러가 18세기의 천재인 실러에게 머리를 숙인다고 보도했다. Esteban Buch, *Beethovens Neunte*[원제: La Neuvième de Beethoven, 독일어 번역: Silke Haas](Berlin, München: Propyläen Verlag, 2000), 264쪽.

96 Joseph Wulf, *Musik im Dritten Reich. Eine Dokumentation*, 444쪽. 히틀러는 1938년 베토벤 기념비 추진을 위해 개인적으로 후원하기도 했으나 베토벤보다는 바그너에게 더 관심을 보였다.

97 Joseph Wulf, *Musik im Dritten Reich. Eine Dokumentation*, 444쪽.

98 Esteban Buch, *Beethovens Neunte*, 269쪽.

99 Esteban Buch, *Beethovens Neunte*, 264쪽.

100 Esteban Buch, *Beethovens Neunte*, 269쪽. 자세한 내용은 이경분, 〈베

토벤 수용을 통해 본 나치의 음악 정책〉,《음악이론연구》, 제6집 (2001), 39~64쪽 참고.

101 전쟁에서의 승리와 베토벤의 5번 심포니는 직접적인 관계가 없으나 '바바바밤'과 브이(V)가 연결되면서 베토벤의 음악 모티브가 울려 퍼지면 이것은 곧 승리의 메시지로 전달되었다. Esteban Buch, *Beethovens Neunte*, 274쪽.

102 Esteban Buch, *Beethovens Neunte*, 278~279쪽.

103 Esteban Buch, *Beethovens Neunte*, 277~278쪽.

104 Joseph Wulf, *Musik im Dritten Reich. Eine Dokumentation*, 390쪽.

105 Albrecht Dümling·Peter Girth, *Entartete Musik*, 253쪽.

106 Albrecht Dümling·Peter Girth, *Entartete Musik*, 39쪽.

107 Adolf Hitler, "Rede auf den Kulturtagung des Parteitags Grossdeutschland"(1938), Joseph Wulf, *Musik im Dritten Reich. Eine Dokumentation*, 328쪽.

108 Hanns Eisler, "Einiges über das Verhalten der Arbeitersänger undmusiker in Deutschland", *Musik und Politik I*, 244~245쪽.

109 여기서는 생략되었지만 이러한 마취 효과를 일으키는 데는 바그너 음악의 역할이 컸다.

110 Alfred Rosenberg, *Gestaltung der Idee*(1940), 337쪽, Joseph Wulf, *Musik im Dritten Reich*, 214쪽에서 재인용.

111 Joseph Wulf, *Musik im Dritten Reich. Eine Dokumentation*, 359쪽.

112 Hanns Eisler, "Einiges über das Verhalten der Arbeitersänger und musiker in Deutschland", *Musik und Politik I*, 255쪽.

113 Hanns Eisler, "Einiges über das Verhalten der Arbeitersänger und musiker in Deutschland", *Musik und Politik I*, 256~257쪽.

114 Paul Zschorlich, "Beethoven und wir. Völkischer Beobachter vom

16. 12. 1934", Joseph Wulf, *Musik im Dritten Reich. Eine Dokumentation*, 227쪽 재인용.

115 베토벤이 독일인의 우월 감정을 치켜세우는 데 이용된 것은 나치 시기에서가 아니라 이미 나폴레옹 해방전쟁 시기 독일 민족주의자들로까지 거슬러 올라갈 수 있다. 이때 나치는 음악비평가 파울 베커 Paul Bekker의 새로운 베토벤 해석이나 지휘자 오토 클렘페러의 혁명적인 해석은 자신들의 의도와 맞지 않으므로 배척했다. 또 음악과 독일성의 연관성은 니체 이후 토마스 만 등의 작가도 주장할 만큼 나치의 독자적인 의견도 아니다. 장성현, 〈파시즘과 니체의 관계에 대한 토마스 만의 견해:《파우스트 박사》를 중심으로〉,《독일문학》제58집(한국독어독문학회, 1995), 21쪽을 참조하라.

116 Michael H. Kater, *Gewagtes Spiel. Jazz im Nationalsozialismus*(Köln: Kiepenheuer Witsch, 1995), 749쪽.

117 1937년 뮌헨에서 '퇴폐 미술 전시회'가 성공을 거두자, 음악 분야에서도 아방가르드 음악, 유대인 음악 등 이른바 '순수한 독일 음악'에 독이 되는 '퇴폐적인 음악'을 공개적으로 질타하기 위해 1938년 뒤셀도르프에서 전시회를 열었으나, 미술 분야만큼 큰 효과를 거두지 못했다.

118 Michael H. Kater, *Gewagtes Spiel. Jazz im Nationalsozialismus*, 71쪽.

119 미국주의는 영국과 차이가 있는 미국적 영어 발음이나 언행, 문화적 특성, 실용주의적 사고, 생활방식 등을 통틀어 지칭하는 용어이다. 1920년대 유럽에서는 미국의 기술적, 산업적 발전으로 긍정적인 의미로 사용되었다.

120 재즈가 완전히 금지되어서는 곤란한 이유를 서술하다 보니 괴벨스가 재즈를 후원 장려했다는 식의 오해가 생길 여지가 있다. 그가 재즈를 억압하면서도 재즈 밴드를 키우기도 하는, 겉으로 보기에 모호

한 태도를 보인 것은 분명한 사실이지만 그는 결코 재즈 후원자가 아니었다. 재즈를 이용하려 했을 뿐이다. 물론 독일 제국 전기에는 로젠베르크와 끊임없는 경쟁 상태에 있었으므로 나치 문화 정책에 있어 괴벨스 혼자 모든 것을 결정할 수 있는 것은 아니었다. 자세한 것은 이경분, 〈독일 나치 시기의 재즈 음악 정책〉, 《음악과 민족》 제 26호(2003), 317~337쪽을 참조하라.

121 전체적으로 나치의 재즈 음악 통제는 유대인 박해처럼 날이 갈수록 심해지지만 부분적으로 약화되는 경우도 있었는데, 1936년 올림픽 개최 전후가 그렇다. 유대인에 대한 테러로 국제사회의 비난을 받아 오던 나치 정부가 올림픽을 통해 반인도주의적 폭력 단체의 이미지 에서 벗어나고자 한 것이다. 이에 따라 유대인 박해뿐 아니라 재즈 음악 통제 등, 사회 전반의 강경책은 일시적으로 후퇴했다. 그러나 이것도 1937년 9월이 되면 다시 원래의 공격적이고 선동적인 정책 으로 되돌아간다. 1938년 괴벨스는 어빙 벌린Irving Berlin의 음악 을 금지시켰는가 하면, 1939년에는 쾰른시와 작센주의 나치 책임자 가 각각 자신의 구역에서 재즈 음악 연주를 금지시켰다.

122 독일 공군의 대다수가 제국 내에서 금지된 영국 방송의 스윙 음악을 즐겨 들었다.

123 독일 내 모든 대중음악을 대표하는 DTU의 기능은 모든 공식적인 국가 행사를 위해 연주하고, 무엇보다도 방송국에서 군인들과 시민 들을 위해 녹음 방송을 내보내는 것이었다. 게다가 영화음악도 만 들어야 했으므로 DTU는 라이브 연주보다 방송국 작업에 더 열중 했다. 독일의 '마지막 승리'(Endsieg: 히틀러 정부의 전쟁 목표로, 이 전쟁에 전 국민을 동원하기 위한 선전 용어로 사용되기도 함) 후에 는 점령지에서 독일을 대표하는 음악 선전단체로서 중요한 임무를 맡게 될 예정이었다.

124 Theodor W. Adorno, "Abschied vom Jazz", *Musikalische Schriften V*(Frankfurt a. M.: Fischer Verlag, 1984), 796쪽. 아직 나치 정부의 실체를 잘 알지 못하던 시기에 나온 글이다. 독일에 머물면서 음악 비평 활동을 유지하기를 원했던 당시(1933~1934년) 아도르노의 글들은 나치의 비위를 맞추고자 하는 의도가 적지 않게 들어 있다.

125 아도르노는 글의 마지막에서 박자의 고정된 강세 원칙에서 벗어나는 것을 재즈에서 배울 수 있다고 말함으로써 모순을 보이기도 한다.

126 아도르노와 괴벨스 둘 다 재즈의 자유로운 리듬을 인정했지만, 아도르노는 이것마저 아무런 효과가 없다고 본 반면 괴벨스는 현대음악이 낭만주의적 분위기를 해칠 수 있다고 보았다. 나치가 구축한 질서 정연한 사회 분위기를 깨뜨릴 수 있는 위험이 있다고 본 것이다.

127 나치의 지시와 상관없이 강렬한 재즈 음악에 몰두하였던 프란츠 그로테Franz Grothe와 게오르크 헨첼Georg Haentzschel은 1944년 2월 친나치 성향을 가진 바르나바스 게치Barnabas Geczy와 빌리 슈테히Willi Stech로 교체되었다. Michael H. Kater, *Gewagtes Spiel. Jazz im Nationalsozialismus*, 307쪽.

128 세 개의 제국에 관한 생각은 유럽에서 매우 오래된 것이다. 그러나 이것이 1923년 묄러 반 덴 부루크Moeller van den Bruck의 《제3제국*Das dritte Reich*》이라는 책으로 출판되면서 정치적인 구호가 되었다. 이 책에 따르면 제1제국인 로마제국과 제2제국인 비스마르크의 제국 이후에 '(독일)종족의 영혼'에서 제3제국이 도래한다는 것이다. 히틀러가 이 말을 사용함으로써 그가 지배하던 독일을 일컫는 고유명칭이 되었다.

129 N. 레베르트·St. 레베르트,《나치의 자식들》, 이영희 옮김(사람과사람, 2001), 187쪽.

130 신형기, 〈남북한 문학과 정치의 심미화〉,《문학 속의 파시즘》, 김철

외(삼인, 2001), 317~320쪽.

131 N. 레베르트·St. 레베르트,《나치의 자식들》, 214~215쪽.

132 Thomas Mann, "Warum ich nicht nach Deutschland zurürckgehe. Offener Brief an Walter Molo", Thomas Mann, *Gesammelte Werke in 12 Bd.*(Frankfurt a. M.: Fischer Verlag, 1960), 958쪽.

김철 외, 《문학 속의 파시즘》(삼인, 2001)

모두 8명의 저자들이 민족주의적인 관점에서 한국 문학을 이해해온 그간의 큰 흐름을 낯선 시각에서 회의하고, 우리 문학 연구에서 그동안 소홀히 했던 파시즘을 분석함으로써 새로운 문학 해석 방법을 찾고자 한다. 이 책에는 〈파시즘과 한국문학〉(김철), 〈민족주의, 문학사, 그리고 강요된 화해〉(차승기), 〈이광수의 문화적 파시즘〉(김현주), 〈남북한 문학과 '정치의 심미화'〉(신형기) 등의 글이 수록되어 있는데, 친일 문학 연구의 연장선상에서 읽힐 수 있다. 쉬운 내용의 글은 아니지만 민족과 국가, 민족주의에 대한 비판적 성찰은 현재 우리의 문화적 상황을 새로운 눈으로 바라보게 하며, 사고를 자극하는 매우 흥미로운 관점들을 내포하고 있다.

노동은, 〈친일 음악 연구 현황과 과제〉, 《한국 음악론》(한국학술정보, 2002)

기존의 친일 음악 연구가 어떻게 진척되고, 현재 어떤 과정에 있는지 해방공간부터 1990년대까지를 정리한 글이다. 내용은 '친일 음악에 대한 문제 제기'나 '전망'보다 '기존 연구의 성과'가 큰 비중을 차지하고 있다. 친일 음악 연구에서 왕성한 연구 성과를 보이는 필자의 글은 이 분야 다른 연구자들의 참고 자료도 많이 제시하고 있어 그동안의 연구 결과를 한눈에 알 수 있게 한다. 특히 1980년대 중반 이후부터 필자가 발표한 친일 음악 연구 목록(총 15종)이 수록되어 있어 그간의 친일 음악 연구의 쟁점과 비중을 느낄 수 있다. 학술적인 논문이지만 읽기 쉽게 서술되어 있는 것이 장점이다.

안인희, 《게르만 신화 바그너 히틀러》(민음사, 2003)

이 책은 게르만 신화가 바그너의 음악극으로 재현되고, 그 뒤를 히틀러가 정치적으로 재현했다는 가설을 문학적이고 정치적이며 동시에 음악적인 내용으로 뒷받침하고 있다. 그러나 이 내용의 중심에는 바그너가 서 있다. 양적으로도 가장 많은 부분을 차지한다. 바그너의 음악극을 이해하기 위해 앞부분에서 먼저 게르만 신화가 설명된다. 그리고 바그너의 음악사적·문화사적 위치를 가늠하기 위해 낭만주의 운동에 대해서도 자세하게 서술하는 등, 바그너라는 인물과 음악이 탄생하게 되는 광범위한 문학적·사회적 배경이 강조되어 있다. 또한 그의 음악이 히틀러에 의해 수용된 상황까지 다뤄 바그너 음악의 중요한 측면인 정치와의 관계도 놓치지 않고 있다. 이 책은 유럽 역사와 문학, 예술이 가지는 어두운 면에 대해 우리의 올바른 인식과 이에 따른 비판적인 시선을 요구하고 있다.

이상빈, 《아우슈비츠 이후 예술은 어디로 가야 하는가》(책세상, 2001)

나치 수용소의 다양한 의미와 이에 대한 학문적 이해를 소개한 책이다. 아우슈비츠 이후 문학이 불가능하다는 아도르노의 전제 대신, 수용소의 체험을 어떻게 문학적·예술적으로 실현시킬 수 있는지에 대해 초점을 맞춰 문학 작품과 영화를 분석한다. 단순히 역사적 사실을 나열하기보다 인터뷰 자료도 제시하여 아우슈비츠에 관한 서구 사회의 다양하고 복잡한 토론을 생생하게 전달하고 있다.

N. 레베르트·St. 레베르트, 《나치의 자식들》, 이영희 옮김(사람과사람, 2001)

이 책은 나치 시기의 권력자들의 자녀들이 전쟁 후에 어떤 형태로 살아가는지 실제 인터뷰를 통해 얻은 자료를 수필처럼 서술한 것이다. 특기할 것은 저자가 자신의 아버지가 1959년에 발표한 원고를 먼저 소개하고, 그 후 40여 년이 지난 2000년 현재 시점에서 서술하고 있다는 점이다. 악명 높은 나치 수뇌부 중 하인리히 힘러, 발두어 폰 쉬라흐Waldur von Schirach, 헤르만 괴링, 루돌프 헤스Rudolf Hess, 마르틴 보어만의 자녀들에 대한 보고서이다. 이들이 부모의 죄업을 어떻게 받아들이고 살아가는지를 알려주는 이 보고서는 독일의 나치 청산 문제를 매우 가깝고 사적인 차원에서 이해하도록 도와준다.

Anthony Heilbut, *Exiled in Paradise. German Refugee Artists and Intellectuals in America from 1930s to the Present*(New York: Viking Press, 1983)

미국으로 망명간 독일 작가, 영화감독, 음악가, 건축가, 화가, 철학자, 학자들의 망명 생활에 대해 포괄적으로 서술한 책이다. 예를 들면, 아도르노, 한나 아렌트, 발터 벤야민, 에른스트 블로흐, 브레히트, 한스 아이슬러, 쇤베르크, 쿠르트 바일, 토마스 만, 프리츠 랑Fritz Lang, 발터 그로피우스, 아인슈타인, 게오르게 그로스, 허버트 마르쿠제Herbert Marcuse, 막스 라인하르트Max Reinhardt 등 독일 예술문화계의 대표자들이 언급되고 있다. 수필처럼 읽기 쉬우며, 재미있는 일화들과 인용을 통해 독자들로 하여금 사건과 인물에 대해 구체적이며 감각적으로 다가가게 한다. 물론 1930년대 전후의 유럽 문화에 대한 나름대로의 지식과 인식이 있어야 이 책이 의미하는 바를 더 잘 이해할 수 있을 것이다.

Tony Thomas, *Filmscore. The view from the podium*(Cranbury: NJ, 1979); *Filmmusik. Die großen Filmkomponisten-ihre Kunst und ihre Technik*, (trans.) Peter Glaser(München: Wilhelm Heyne Verlag, 1995) 할리우드에서 1930년대부터 1960년대까지 왕성한 활동을 펼친 영화음악가 가운데 많은 수가 독일, 오스트리아 및 유럽의 망명인이었다. 히치콕의 영화 〈레베카〉 등에 음악을 써서 유명해진 왁스먼, 〈엑소더스〉의 에르네스트 골트Ernest Gold, 〈로빈 훗의 모험〉의 코른골트, 〈드라큘라〉의 한스 잘터, 〈벤허〉, 〈쿠오바디스〉 등의 영화음악을 쓴 미클로스 로저 외에도 브로니슬라우 카퍼Bronislau Kaper, 빅터 영Victor Young, 알프레드 뉴먼Alfred Newman, 엘머 번스타인Elmer Bernstein, 버나드 허만 Bernard Hermann, 존 윌리엄스John Williams 등 총 25명의 영화음악가들의 삶과 작품에 대한 정보와 이들의 영화음악에 대한 다양하고 흥미로운 견해들이 읽기 쉬운 수필체로 서술되어 있다.

망명 음악, 나치 음악—20세기 서구 음악의 어두운 역사

초판 1쇄 발행 2004년 5월 20일
개정 1판 1쇄 발행 2023년 12월 15일

지은이 이경분

펴낸이 김준성
펴낸곳 책세상
등록 1975년 5월 21일 제2017-000226호
주소 서울시 마포구 동교로23길 27, 3층 (03992)
전화 02-704-1251
팩스 02-719-1258
이메일 editor@chaeksesang.com
광고·제휴 문의 creator@chaeksesang.com
홈페이지 chaeksesang.com
페이스북 /chaeksesang **트위터** @chaeksesang
인스타그램 @chaeksesang **네이버포스트** bkworldpub

ISBN 979-11-7131-042-5 04080
　　　 979-11-5931-400-1 (세트)